美麗的原住民學生

第一屆全國紅藜公主選拔，
前三名都是原住民大學生

美麗的原住民學生

第一屆紅藜公主何韋琳(左，高師大學生)
及第二屆紅藜公主卓莪冷(彰師大學生)

原住民兒童參加部落收穫祭
活潑又可愛

美麗活潑的原住民小學生

美麗的原住民國中學生

美麗的原住民，看這裡！

原住民可愛的幼兒園學生

原住民兒童可愛俏皮的模樣

原住民國中學生各個都是帥哥

英俊的原住民國中學生，
準備參加學校模範生的選拔

作者民國 68 年初任教師，分發到最深山的霧台國小大武分校

大武分校的原住民學生很有感恩之心，畢業之後還常關懷老師、探望老師

作者與屏東縣原住民文教協會夥伴們，長期努力於偏遠原住民地區教育希望工程方案

每年寒暑假協會辦理的原住民大專志工返鄉服務隊，報名的青年很踴躍

原住民學生各個都具有音樂才華，
值得栽培

原住民學生個性溫和、純真、善良，
很好相處

原住民學生個性溫和、純真、善良，
很好相處

美麗的原住民國中學生，
準備參加學校模範生選拔

原住民學生個性溫和、純真、善良，
很好相處

原住民學生都很喜歡唱歌，也具有歌
唱才華

原住民學生課餘休閒活動，
都熱愛音樂

現代的原住民家長愈來愈重視孩子的
教育，也會參加孩子的畢業典禮

原住民學生很具有運動才華 - 田徑

作者指導之大武分校長跑隊，
1985 年榮獲全縣
及全國國小組越野賽團體冠軍

原住民學生很具有運動才華 - 棒球

原住民優秀棒球選手很多，
吉力吉撈．鞏冠是作者的侄兒，
他是 2022 年中職全壘打王

偏鄉原住民地區教育資源比較缺乏，
其實每一位兒童也都很喜歡閱讀

原住民兒童愛閱讀

作者曾多次到都會區辦理募書活動，
整理之後送至偏鄉各部落教室

原住民學生喜歡閱讀，但是還必須要
有老師來指導

希望兒童合唱團至歐洲參加比賽榮獲
金獎，凱旋歸國 20190707

原住民兒童都愛唱歌，
歌聲嘹亮好聽

瑪家國中學生合唱團曾多次獲得
全國音樂比賽特優

原住民學生各個都具有歌唱才華，
在各大學校園都很活躍

為推動原鄉教育希望工程，
屏東縣原住民文教協會在各部落先後
成立 50 個免費課輔班

感謝許多志工老師願意到部落課輔班
為原住民學生輔導課業

每年報名參加原住民大學生寒暑假
返鄉服務隊者非常踴躍

大學志工與原住民學童
一起整理部落教室

偏鄉地區學校教育資源明顯不足

偏鄉原住民地區的孩子們面對生活環境的惡劣，更顯現出他們的堅強

原住民孩子們面對生活環境的惡劣，更顯現出他們的堅強

禱告能讓孩子們冷靜、心平氣和及勇敢的去面對眼前的各種挑戰

屏東縣原住民文教協會結合
社會善心人士的愛心成立
全國第一間原住民兒童圖書館

全國第一間原住民 VUSAM 兒童圖
書館之圖書約有二萬冊

兒童圖書館啟用典禮，
協會製作感謝狀給出錢出力最多的
故星雲大師及人間衛視

兒童圖書館啟用典禮
當天藝人動力火車贊助演出

屏東縣原住民文教協會結合了善心人士的愛心在八八災區長治大愛園區興建的兒童圖書館

原住民學生很多來自弱勢的家庭，所以許多學生都把文教協會課輔班當作第二個家

作者小時侯在屏東市就讀，週日常去禮拜的地方 - 基督長老教會平山教會

原住民多數是基督徒，
所以作者擔任瑪家鄉長時，
我在笠頂山上興建一大十字架

原住民學生奮發向上、衝破逆境、最後成功的典範之一，歌手芮斯

愛心老師 - 內埔農工拳擊教練傅志群，教學認真，愛心陪伴，為國家培育了許多優秀選手

愛心校長 - 長榮百合國小校長陳世聰，榮獲教育部卓越領導校長金質獎

愛族人 - 對原住民音樂教育推廣貢獻很大的音樂博士 - 周明傑老師

作者 2020 年獲母校台灣師大教育學院頒發百大亮點校友獎，與校長合影留念

原住民學生的天使 - 許多扶輪社每學期常贊助原住民清寒學生獎助學金

原住民學生的天使 - 許多獅子會每學期常贊助原住民清寒學生獎助學金

原住民學生的天使 - 呂清海先生及其友人贊助原住民清寒學生獎助學金長達二十多年

美國康德基金會長期贊助偏鄉原住民學生獎決金及生活物資

三重興協宮聖光普濟功德會林會長率領的愛心團隊在原鄉服務超過 20 年

原住民地區的聖誕老人 - 故康錦輝先生，協助台灣各地原住民弱勢家庭二十多年，無怨無悔，精神感人

2022 年深受原住民愛戴的康錦輝先生不幸逝世，各地曾受助過的學生為了表達對他的感恩，特地辦理一場音樂紀念會

Foreword & Preface

推薦序、
自序

推薦序：

原住民教育的推廣楷模

我很榮幸能為梁老師（鄉長）的新書《台灣原住民學生的美麗與哀愁》提筆推薦。梁老師是我就讀屏東師專及台灣師範大學的學長，也是一位傑出的原住民教育工作者。他的一生充滿了對原住民教育的熱情和貢獻。他不僅在偏鄉原住民地區服務了三、四十年，還創立了「屏東縣原住民文教協會」執行教育希望工程、服務族人。他培育了無數的優秀學子，也在退休後持續寫作，分享他的教育理念和經驗，希望能幫助更多的原住民孩子實現夢想。

這本書是梁老師的第三本著作，主要是針對全國的老師們，介紹台灣原住民學生的美麗與哀愁。梁老師以他豐富的教學實務經驗與深刻的觀察，分析了原住民學生在學習、心理、文化、社會等方面所面臨的挑戰和機會，並提出了一些具體而有效的教學策略和輔導建議，讓老師們能夠更好地了解、尊重和支持原住民學生，讓他們能夠展現自己的美麗，奮發向上，邁向成功。這一本書很可貴的地方，在於他列舉了許多各行各業奮鬥成功的原住民（大家都熟悉的人士）實例，可供現代學子學習，頗具教育意義。

這本書不僅是一本寶貴的教育參考書，也是一本感人的人生故事集。梁老師在書中，用親切而真誠的筆觸，描繪了許多他所遇到的原住民學生的生命歷程。這些故事，不僅反映了台灣原住民教育的現況和問題，也展現了台灣原住民孩子的勇氣和韌性。讀者們在閱讀這些故事時，不僅能夠增進對原住民學生的認識和同理心，也能夠從中得到啟發和感動。

我衷心推薦這本書給所有關心台灣原住民教育的人士，無論是政府方面，老師、家長、學生還是一般社會民眾。我相信這本書能夠讓我們更加關注和支持台灣原住民孩子的成長和發展，也能夠讓我們更加欣賞和尊重台灣原住民文化的多元與豐富。我也衷心祝福梁老師能夠繼續以他的智慧和愛心，為台灣原住民教育事業奉獻更多。在此書付梓之際，樂之為序！

美和科技大學教授兼校長　王建臺

2023/05/01

給您一百分

算一算，從2001年創立至今的「社團法人屏東縣原住民文教協會」已經默默走過了22個年頭。當年，許多志同道合的會員們以志工的角色協助推動執行「偏遠原住民地區的教育希望工程方案」。志工們的愛心就像涓涓清泉，從屏東瑪家鄉原來的圖書館，到經歷八八風災後遷移至屏東長治百合大愛園區內，始終為這一塊最需要關懷的「原住民族青少年心靈田地」默默地灌注活水。在這22年的光景，屏東原住民文教協會逐漸擴大了關懷層面，不只是小學生、中學生，包括大學生、研究生、博士生及出國留學生，都是他們關懷的觸角所到之處。

「梁明輝加油！」應該是22年來，從國中主任、連任瑪家鄉長、爭取競選黨籍立委提名（失利）、轉換跑道競選縣議員（落選）之後，明輝兄給自己最堅定的一句鼓勵。2022年11月28日，他在自己的臉書上寫著：

「今天是選舉後的星期一，清晨當太陽又升起時，我新的人生就開始，我為自己打氣！難過一天就好，未來的人生，我打算：

一．多陪陪我的家人，這是我虧欠他們的。過去的時光我有30年在學校當老師，作育英才。有21年在屏東縣原住民文教協會當志工，做公益。有8年當鄉長，做公僕服務鄉民。所以一輩子都在服務人群，該是回家陪家人了！

二．做一些我以前想做卻一直沒有時間做的事情：卸任鄉長之後，我就有充裕的時間寫寫作、練習種一些自己喜歡吃的有機蔬菜及水果、拜訪一些久未相聚的親朋好友及同學們。

三．疫情轉好之後，帶家人國內外旅遊，相信這也是大家的心願。」

一般來說，臉書上大家（同溫層）按個讚、互相打氣鼓勵，日子就這樣過去了。但是，我沒想到，就在2023年的春暖花開之際，明輝兄突然傳來問候，說剛剛完成了一本近八萬字的新書，邀請我繼續為他的第三本著作《臺灣原住民學生的美麗與哀愁》寫推薦序文。我嚇了一跳，因為一轉眼，他真的已經完成了自己許諾的「新人生三項目標」。其中最困難的「寫作」，也是他在堅持閉關衝刺、不接觸外界打擾的情況下，終於完成這一本著作。明輝兄說，這本新書主要寫給全國的老師們參考，當然其他人（家長、學生及社會人士）也可以作為參考。

對我來說，因為任教於世新大學數位多媒體設計系，同時也是世新大學原住民族學生資源中心的主任，經常受邀至其他大學院校、企業團體分享對於輔導原住民學生的經驗、原住民文化認知等議題；但往往時間久了，因為自己的經驗和接觸的範圍有限，變得缺乏更多故事和實際範例可分享；但是，當我一看到這本書時，簡直「如獲至寶」，因為它不僅羅列了明輝兄幾十年來的「人生經驗談」，同時也一一點出所有師長、家長們對於接觸與輔導「原住民青少年」（原住民文化）的盲點、茫然，給出了他自己的見解與同理。

打開這本書，你會發現，就像明輝兄說的，「要了解原住民學生並不難，只要你用心、誠懇、耐心、愛心去面對、去鼓勵，必定會獲得他們的信任，並與他們建立深厚的感情。我所接觸過的原住民學生雖然有少部分令人失望、哀傷及遺憾……但大部分學生都有可愛、美麗、奮發向上的一面。

作家白先勇曾經回答記者提問：「為什麼您文章能寫得這麼好？」他的答案是：「同情。」所以，不管是當老師還是當鄉長，明輝兄一旦進入了「作家模式」，他就能進入「觀察、理解並同理他人」的狀態。現在的明輝兄寫完書之後，則繼續進入「攝影師模式」、「志工模式」，但我更期待看到他帶著這一本書進入「演講模式」，因為我深信，只要他設定了目標，就會想要做到１００分。

世新大學原住民族學生資源中心主任
馬紹・阿紀
Masao Aki

原住民族中的那道光

拜讀敬愛的前瑪家鄉鄉長，也是國立臺灣師範大學學長梁明輝的大作，頓時覺得自己很渺小。我要以「勇者無畏」來形容這位學長，三十有成，致力開啟原鄉教育，達到無私、無懼、到無我的境界；再從學校到公所，成為點亮原住民族的一盞明燈，真切回應臺灣師大校訓「誠、正、勤、樸」的真諦。

從著作中我看到原住民族學生的溫和、善良、純真，樂天知命與懂得感恩，也見證原住民族學生豐富的創造力、想像力與文化藝術涵養；更難能可貴的是與大自然（山、林、海、河）智慧融合及環境生態保育的觀念。

透過1985年作者這一段日記感言，深刻地描繪出原住民族學生的特質：

蒼山峻嶺間，飄蕩著美麗傳說的篇章，原住民孩子們，純淨無瑕的靈魂閃耀著光芒。

你們是大地的子民，是靈魂的守護者，你們的美麗與善良，是世界永不磨滅的璀璨明珠。

我要藉此分享知名歌手王宏恩的人生格言：「不要放棄自己的夢想，不要忘記自己的根。」作為閱讀此大作美妙且深含意義的序曲，也為原住民族學生的教育永續傳炬下去。

紙短情長，諒我無法一一闡述作者深厚獨到的筆韻，期待讀者親自細細閱讀、慢慢品味。

國立內埔農工校長　張世波

2023/05/04

張世波

自序：

三本書的承諾

筆者曾在前一本出版的書《原住民學生，你好棒！》序中提及，由於市面上幾乎很少見到以原住民家長、老師及學生為討論主題的書，所以我在２００９年退休之後自我期許，至少寫三本書，把自己在原鄉教育界服務30年的經驗分享給需要的人。

於是我在２０１２年正式出版了第一本著作《陪伴孩子青春路：原住民青少年問題與輔導》，這本書主要是寫給原住民家長來閱讀的。接著隔了一年（２０１３年），又出版了第二本書，書名是《原住民學生，你好棒！》，這一本書主要是寫給台灣原住民學生閱讀的。本來接著要繼續寫第三本書（主要是寫給全國的老師參考的），然而那時意外地出現了人生的小插曲——在家鄉父老們的鼓勵之下，我不務正業的從政去了！

當選了二屆瑪家鄉長，在去年（２０２２）12月25日正式卸下公職。退休之後，我仍然沒有忘記以前承諾要完成第三本書的心願，因此在家人的協助之下，我專心的花了三個月時間寫完這一本書。

原住民學生的美麗不僅在於他們的外表，也在於他們的內心。他們的外表是他們的文化和歷史的象徵，反映了他們的祖先和土地的淵源。他們的內心是他們的智慧和品格的體現，展現了他們的信仰和價值觀。原住民學生的美麗是多元而獨特的，值得我們尊重和欣賞。在另一方面，原住民學生也有他們的哀愁（煩惱），例如經濟的問題、家庭的問題、學業的問題、自卑感（缺乏信心）的問題、性教育缺乏的問題、打工或求職受騙的問題、不會說族語等問題。

從本書列舉的幾位原住民學生奮發向上，衝破逆境，最後成功的實例，我們會發現他們在求學過程中也都是面臨不少的哀愁（煩惱），有的家庭非常清寒，有的家庭是單親、隔代教養或瀕臨破碎，然而他們最後能成功，除了靠自己堅強的忍耐力、毅力、決心及奮發向上之精神，最重要的因素是他們在求學的各階段過程中遇到了好老師。

好老師對原住民學生而言非常重要，筆者從小學、國中、師專、大學很幸運地遇到過幾位好老師，在他們鼓勵、勉勵、協助、引導之下，我克服了許多困難，最後順利完成了學業。他們都是我生命中的貴人，恩情永難忘懷。

良好的師資不僅能夠傳授知識，還能夠激發學生的興趣，培養學生的自信，引導學生的方向，支持學生的夢想。所以對於原住民學生而言，良好的師資更是一種寶貴的資源，因為他們可能面臨著更多的困難和挑戰，如語言障礙，文化差異，經濟困頓，社會歧視等。良好的師資能夠幫助他們克服這些障礙，提升他們的學習動機和成就感，讓他們感受到自己的價值和潛力。因此，良好的師資是原住民學生能衝破逆境，奮發向上，邁向成功最重要的力量。

所以本書特別在第四章討論，身為老師，如何陪伴台灣原住民學生面對各種挑戰，快樂學習，並邁向成功，內容包括：

- 原住民學生的常見煩惱
- 原住民學生教師的挑戰——常見的偏差行為與輔導
- 成為原住民學生的朋友
- 教師、隊輔如何面對現代原住民學生
- 與家長的緊密合作

以上這些內容統統都是筆者這一生得來的寶貴經驗，希望對於偏遠地區或都會地區、新手或一般老師在面對原住民學生時有所幫助。當然，本書的出版也適合政府人員、家長、學生、心輔人員、社工人員及一般民眾參考閱讀。

在此，我要深深感謝所有過去或現在默默奉獻愛心與關懷，協助原住民學生能順利完成求學過程的每一個人（政府人員、家長、學校、神職人員、心輔人員、社工人員及善心人士等），願上帝祝福您們的家庭平安、事業順利。

其次，我要感謝三位摯友：美和科技大學王校長建臺、世新大學數位多媒體設計學系馬紹．阿紀教授，以及國立內埔農工張校長世波願意幫我寫推薦序文。

本書能順利付梓，我要感謝我的家人（大姊及內人）的大力支持，溫馨的陪伴並協助校稿，讓我無後顧之憂；也感謝封面原創概念設計者董文禮老師，提供部分相片的屏東縣原住民文教協會、好友（張世波、楊智明、許豐明）及匠心文創的出版協助與指導。

最後我願將本書獻給天上的父母親，感謝他們的大愛大智，讓我們接受更多的教育，我們做子女的永遠感恩。

梁明輝

2023.5.14

目錄：

Chapter 1

第一章、我的故事

1-1．我的童年

我是出生於屏東縣瑪家鄉佳義村，偏遠地區的排灣族原住民，雖然家境清寒，父母親也沒有接受過什麼正統的教育，只讀過日據時代的教育所，但是很幸運的，父母親很重視我們子女們的教育，他們常說：「原住民要有未來，一定要接受更多的教育。」「什麼錢都可以省，但是子女接受教育的錢絕不能省。」

記得小時候，我讀故鄉國小一年級，因為父母親重視我們的教育學習環境，以及都會區工作比較好找，全家從偏鄉搬到屏東市租房子過生活。許多人還以為我們家境富裕，事實不然，因為我父母親都從事勞力性質的工作（板模、搬磚、伐木或清潔工），不但薪水不高，加上子女又多（五位），所以我們的三餐不是很穩定，房租或註冊費也常出問題。

印象最深刻的一件事，是我國小畢業要升國中時，因為家裡拖欠了幾個月的房租，我們被房東趕了出去。又有幾次開學時，父母湊不出我們五個子女的學雜費，只好去向老闆們懇求先借支薪水。在我國小、國中時期，都沒有錢參加外面的學科補習班，每天放學後我們兄弟姊妹要幫忙擔任清潔工的母親工作或分擔家事，寒暑假時家父都會帶我到深山林班地打工賺學費。

雖然如此，父母親還是常鼓勵我們說：「人窮志不窮，我們的家境雖然清寒，但是不准掌心向上向人乞討，山地同胞（原住民）要更加努力求學，以後考上好一點的學校，畢業後才好找工作。」我們兄弟姊妹都非常感謝父母親的大恩大德，他們讓我們接受更多的教育，就是這一生給我們最大的禮物；後來我們兄弟姊妹四人先後完成了大學及研究所的學歷。

我原來在山上的佳義國小就讀一年級時是全班第一名，但是轉學到都市的仁愛國小之後，學業成績竟落到倒數第三名（全班48人），我難過地哭了，家人也都不敢置信，沒想到城鄉之間學生的學科能力差距這麼大。班上前十名的同學幾乎每天都有參加放學後的學科補習，我也很想參加，但實在不敢向父母親開口。

作者及母親、兄弟姊妹合影，後排右一是表弟

1-2・撿稻穗的日子

我記得小學時，由於家境清寒，常常沒錢買米、買菜，所以媽媽會在假日帶我們子女到野外撿拾稻穗，或在清晨四點左右到批發菜市場撿人家不要的剩菜。這一種辛酸、辛苦的生活，在我後來長大之後曾仔細回憶描述。

當時我已上任瑪家鄉長，曾在2019年全鄉慶祝母親節大會的特刊上發表一篇文章，那是我的童年回憶〈撿稻穗的日子〉，文中表達了對母親的感恩及小時候家境清寒的描述：

我永遠記得那一天是星期日，我和鄰居的小胖、小張本來約好要到中山公園玩棒球。但是媽媽在起床之後突然對我說：

「明輝！家裡的米缸昨天就空了，我們也沒有錢買米，所以今天我要帶你一起到郊外去撿稻穗。」

我急忙回答：「可是，媽媽，我今天已經和小胖、小張約好要去打棒球！」

媽媽溫柔的撫摸著我的頭說：

「乖！乖孩子！你一定要幫媽媽的忙，因為我一個人能搬的不多。你爸爸遠在深山林班打工，無法幫忙，而你們兄弟姊妹當中就你最有力，所以我才要帶你去。」這就是當長子的悲哀！

「不要！我已經答應小胖和小張了！」我據理力爭，因為我很喜歡打棒球。

但是媽媽的下一個舉動卻讓我心軟，她到廚房把米缸拿到我面前說：「請你看看我們的米缸，是真的空了！我何嘗不想讓你去打棒球，那是你喜歡的運動，可是你今天不幫我去撿稻穗，以後我們就沒有飯吃！你要選擇哪一樣？」她邊說邊掉眼淚，我最怕看到媽媽掉眼淚，因為她是我在世上最愛的人。看到她難過，我也跟著掉眼淚，我立刻點點頭說：「好！媽，我陪您去！」

所謂的「撿稻穗」，是指在稻米收割的季節，去撿人家沒有收成乾淨而遺留在地下的少許稻穗。小時候家境清寒，買不起米，只好去野外撿稻穗。那個年代，買不起米的家庭也不少，不只是原住民會去撿，我還遇見過一些家境清寒的漢人也在撿。撿回來的稻穗，還要找一個空地來曬個幾天的太陽，然後再送到碾米廠去殼。撿稻穗要看運氣，有的稻田收成得很乾淨，沒有留下多少稻穗；但是有的稻田收成得比較草率，會留下較多的剩穗，這是我們所期盼的。所以在出發以前，我和母親都會先一起禱告，希望今天能收穫滿滿，早一點回家。可是偏偏那一天運氣不太好，我們走過十幾塊稻田，撿到的稻穗只有一點點，媽媽安慰我說：

「可能有人比我們還早起，先撿走了！沒有關係，我們繼續向前走，一定會找到很多稻穗的地方！」我們又向前走了一、二公里路，仍舊沒有多少的斬獲，此時我開始有一點頭昏目眩，可能是因為今天出大太陽，且又正值午時，媽媽看我臉色難看，就帶我到一棵大樹下蔭涼處休息。媽媽背靠大樹坐著，我躺在地上，把媽媽的大腿當枕頭。休息了一會兒，我對媽媽說：

「媽媽，我很渴，想喝水！」

母親回答：「我沒有帶水，剛好附近有一所學校，說不定有水，你去轉水龍頭看看！」我就過去找水，從第一間教室走廊洗手台的水龍頭轉到最後一間教室統統都沒有水，只有廁所外的水龍頭轉了之後有少量的水流出，為了避免浪費，我拿了一個塑膠袋裝，大概裝到三分之一的時候水停了，我高興的將水帶回去與媽媽一起分享。

休息了約一小時，我們又繼續上路，我總是跑在前面，每當發現有稻穗可以撿，我都會喜悅的大聲說道：「媽媽，您看！」當我們走到接近飛機場的時候，忽然我遠遠看到有一群人正在收割稻米，而周圍沒有別人來撿拾稻穗，我和媽媽都很高興，我們預期收穫將會很多。當我正準備要衝過去的時候，突然天空風雲變色，緊接著滂沱大雨、雷聲大作，媽媽大聲阻止我向前：

「明輝！打雷了！危險！我們先找一個地方躲避，等一下再去撿！」我回答：「我不要！我怕等一下再撿會被別人先拿走，媽媽您先躲雨，我一個人去撿就好了！」

我帶著麻袋一個人衝了過去，沒想到就在此時，我右前方不遠處的一棵大樹被一條閃電擊中，冒出了火花，「咚！咚！」的巨響把我給震倒，我全身都濕透了，身體也沾滿了泥巴，我大聲的哭喊：「媽媽！」。媽媽不顧雷雨往我的方向飛奔，她衝到我的身邊，緊緊地擁抱我，問我有沒有怎樣。我也緊緊的擁抱媽媽，搖搖頭說沒有受傷，我們母子倆在雨中相擁而泣……

長大以後，只要我路經一塊稻田，看到正在收割的人家，常常會佇足許久，並輕輕撫摸著迎風搖曳、串串金黃的稻穗，勾起我滿滿的回憶。成家之後，每一次吃米飯，我常會叮嚀我的孩子們，要珍惜每一粒米，因為得來不易。

作者母親梁招治女士

1-3．都會區的求學歲月

都市原住民的孩子求學生涯都很辛苦、煎熬，這大多是由於家庭經濟、文化差異、種族歧視及其他等因素造成。我長大之後曾在２０２１年11月３日的臉書上發表一篇文章，回憶童年在都會區求學的生活情形：

昨天清晨我沿著屏東市萬年溪（衛生局對面）健走，看到一段短短的跨河台糖舊鐵道（以前載甘蔗的火車鐵道，目前政府只保存一小段當作歷史景觀），我停了下來望著舊鐵道許久，許多童年的回憶一一浮現。那一段日子有歡笑、有哭泣，許多的故事都發生在屏東市「竹林幫」，永難忘懷。

以前台糖使用的舊鐵道

屏東市「竹林幫」

早期約民國四十年代到七十年代之間的原住民，當時被稱作山地同胞，移居到屏東市就學或就業，大部分集中居住在中山體育館、中山公園周圍，在勝利路附近有一段都是竹林，有好幾家住戶也賣竹子（現在只剩二家），所以我們住在附近的原住民常自稱是「竹林幫」，狹義的範圍大概在此。後來移居市區的原住民越來越多，逐漸擴散到屏東市各角落；所以「竹林幫」一詞泛指早期移居屏東市就學或就業的原住民。

早期原住民住在屏東市竹林幫的房屋大部分是租的，非常簡陋，甚至常漏水、積水，有一點像貧民窟，但是由於房租最便宜，再加上原住民比較喜歡與族人住在一起互相照顧，因此移居竹林幫的原住民很多。大家的食、衣、住、行等生活條件雖然不佳，但心中對未來都充滿了夢想與期待，父母親總希望孩子轉學到都會區之後，將來成龍成鳳；求職就業的人也希望能找到好工作，改善家庭的經濟。

曾住過竹林幫的人都有一段難忘的童年生活，例如追著火車偷拔甘蔗、到河裡游泳抓魚蝦；一起玩玻璃珠、橡皮圈、紙牌及捉迷藏等遊戲。由於家庭窮困常挨餓，因為便當盒內沒有米飯或豐盛的菜餚，不敢和班上同學一起吃午餐，家人常繳不起房租或學費等。

另外，讓我們印象比較深刻的事情是種族歧視，當時整個社會的氛圍漢人對於原住民常有歧視的眼光，漢人常稱呼原住民叫「番仔」或「傀儡」，這些名稱我們很不愛聽，所以有時會因此和漢人同學發生爭吵或打架之事。住在竹林幫的原住民雖然物質條件都不佳，但是我們的感情都很好，小朋友們常一起遊戲、一起上教會，一起追載甘蔗的火車、有好吃的東西會分享、有人被欺負會去幫忙討公道……那是一段難忘的童年，雖然時光距離已遙遠，但是我腦海裡的畫面卻依然清晰。

童年的玩伴永遠難忘，不論過去相處是否愉快，我們都會懷念。近幾年當我們得知某某朋友往生的消息時，總是不勝唏噓，感覺不捨。我總盡可能前去參加告別式，送他們最後一程，因為我曾和他們有一份革命情感，一同擁有一段閃亮的歲月。

今晨我輕撫著這一條往日僅存的火車鐵軌，感觸良多，我輕聲呼喚：「竹林幫的兄弟姊妹們，你們還好嗎？想念你們。我們離別了這麼多年，是否該找個時間重逢？共同回憶往日那一段有歡笑、有淚水，同甘共苦的日子。」

1-4．回原鄉任教

感謝主的恩典，我這一生都與原住民學生結下了很好的緣分。1977屏東師專畢業之後，我先從軍二年，才去當小學老師，我總共在教育界服務了30年。我曾服務的對象有小學生、國中生及高中職學生，其中在屏東縣霧台國小大武分校任教6年，在屏東縣立瑪家國中服務了23年後辦理退休，退休之後又接受國立內埔農工聘請兼課1年。

另外，由於我領悟到教育對於原住民的重要，所以我在2001年創立「社團法人屏東縣原住民文教協會」，與志同道合的會員擔任志工，努力執行「偏遠原住民地區的教育希望工程方案」，來改善偏遠原住民地區的教育環境迄今。我們執行的「教育希望工程」包括：

- 成立課後輔導班（免費並提供晚餐或點心）
- 向社會各界募書送至部落成立圖書室
- 協助繳不起學費或營養午餐費的清寒學生
- 提供原住民學生獎助學金
- 辦理文化教育類活動
- 寒暑假成立大專以上原住民學生返鄉服務隊等。

在這22年的時光中，我接觸了更多的原住民學生，不只小學生、中學生，還有大學生、研究生、博士生及出國留學生。要了解原住民學生並不難，只要你用心、誠懇、耐心、愛心去面對，去鼓勵，必定會獲得他們的信任，並與他們建立深厚的感情。我所接觸過的原住民學生大部分都有可愛、美麗、奮發向上的一面，當然也有少部分學生令人感到失望、傷心及遺憾。

許多偏遠地區的原住民學生往往因為經濟不佳、家庭問題、文化上的差異、文化刺激不足及其他諸多不利因素的影響，造成他們往往輸在起跑點。但是經過我和協會的人員2002～2011十年的教育實驗所得，我們可以證明一件事：「只要給予原住民學生公平的教育機會，他們也能逆轉勝，也會有發光發亮、成功的一天。」

我在教育界任教30年，服務的地點都在原住民地區，如果有人問我與原住民學生相處後的感想，我會毫不猶豫的說：「原住民學生，你好棒！你們是上帝給予我此生最佳的禮物！」原住民學生很重感情，以前我教過的學生迄今都還繼續關懷我，不論是寫信、發e-mail、上fecebook、到家拜訪或召開同學會等，都讓我倍感溫馨，好像我自己從未退休。在此我也要對所有教過的學生說一聲：「孩子們！謝謝你們誠摯的愛！我會永遠記得，永遠珍藏。」

作者民國 68 年初任教師，分發到屏東縣最深山的大武分校

1-5・獲選爲台灣師大教育學院百大亮點校友獎

2020年，明輝有幸獲選為國立台灣師範大學亮點校友，亮點校友是由教育學院各系所依照「學術研究、教育耕耘、產業實務、社會公益、多元貢獻」等五大類別，選出優秀校友，以肯定優秀校友作育英才的貢獻，並作為學弟妹的楷模。以下分享學校的推薦文：

點亮原住民族的教育機會　獻身教育三十餘年

出生於大武山下屏東縣瑪家鄉佳義村的瑪家鄉長梁明輝（族名Tjivuluan Matalaq），畢業於國立臺灣師範大學教育學系77級，曾在系上受到教師的鼓勵，自那時起，身為排灣族的梁明輝自認為自己的使命就是改善原住民教育環境及資源，讓族人同胞能透過教育的淬鍊正向反轉人生。

為原住民教育奉獻三十餘年，曾榮獲十大愛心教師，並創辦屏東縣原住民文教協會及台灣原住民族希望工程發展協會等等，此外也著作《原鄉教育希望工程－以屏東縣原住民部落為例》、《陪伴孩子青春路：原住民青少年問題與輔導》及《原住民學生，你好棒！》。以教育行動奉獻自身，從教育的重要，學校推展至族人同胞更影響全國原住民，實踐教育機會均等的偉大理念。

環境的變異、母親的鼓勵　踏上教育之路的契機

「教育真的能夠改變一個人的命運。」梁明輝回憶起踏上教育之路的開始。憶起自身的教育歷程，小學時他就讀深山裡的小學，然而那時的深山並無太多工作機會，為此一家七口搬到了屏東市區，子女們就轉學至當時屏東市區最好的國小。初來乍到，原本在深山考試都是第一名的，來到了市區國小竟然成了倒數，令他訝異城鄉教育的差距甚大。

另一方面，他也發現原住民學生要到市區學校就讀並非容易的事，諸如語言、生活習慣等等皆要重新適應，更不論學習方面的問題。他認為，在這一段教育歷程中，最該感謝的是父母親，當時父親什麼苦工都幹過，母親則到各大旅社做清潔工並兼職洗衣，扛起家計，並讓子女能有受教育的機會。

他說：「當時父母時常勉勵我們原住民能有機會來都市念書是非常不容易的，要好好把握機會用功讀書！」在他心中種下希望的種子並奮發向上。後來成績優異的梁明輝，在聯考同時考上屏東高中及屏東師專，然而為了家計及未來工作著

想，他選擇念屏東師專（公費五年，畢業後馬上就有好的職業），開始踏上教育之路。

同窗的情誼、師長的勉勵　成為學習上的助益與動力

自師專畢業後，梁明輝被分發到屏東縣偏遠原鄉霧台國小大武分校，經過了6年教書經驗後，為汲取更多教育相關知識，插班就讀臺師大教育學系。回想起當時他由於是師保生，有擔任過教師的經驗，讓他在教育科目的學習上並無太大的困難，然而他的英文能力相對較差，每每系上教授指定閱讀英文文本時，都讀得很辛苦，常為了要翻譯忙到三更半夜。他很感謝當時的同學們幫忙，因為不忍心看到他那麼拼命，會主動分工協助翻譯，減輕心理壓力。

除了學術上的研討與協助外，他也會幫助同學解決問題，如教學實務經驗、做人處事或感情問題（當時的他已婚），他也會不厭其詳、耐心地提供經驗，形成良善的互動圈。因此同學們的感情非常融洽，會一起打球、下棋、彈吉他、逛街、郊遊、成立讀書會，還有晚上常一起到師大路吃宵夜。「永遠難忘那一段在學校的閃亮歲月！」他說道。

除了同學外，梁明輝也回憶起幾位影響他人生甚鉅的師長，如導師歐陽教教授常勉勵他未來當老師要能分辨是非及道德勇氣，做學生良好的榜樣；黃昆輝教授指導他在教育行政上如何把握原則、抓到要領；林玉体教授從西方教育史來檢討當時國內的教育制度與措施；在研究所學分班求學時及國中主任儲訓班的恩師吳教授清基常勉勵他到偏鄉服務要有耐心、愛心及犧牲奉獻的精神。令他印象最深的是吳清基教授曾勉勵他的一句話：「你是原住民籍的老師，肩負重大責任與使命，因為原住民要翻轉命運一定要靠教育，你要加油！」上述師長們的指導與勉勵深深影響他後來在學校的教學、行政以及在原住民部落推動「教育希望工程」。

校訓、閱讀、研討會　影響未來人生及學習的準則與資源

梁明輝特別提到在母校求學期間，有三方面的學習影響他未來的職／志業：

一．**校訓：**他認為校訓誠、正、勤、樸是在未來做人處事所努力的方向，他以此為原則，告訴自己要做一位明辨是非、光明磊落、勤勞樸實的人。

二．**多閱讀：**飽覽群書可提高自己的知識，博學對於未來當老師很有幫助，且臺師大的圖書館是國內一流，他藉此鼓勵學弟妹可以到圖書館涵養學識。

三．**多聽各種講座及參加各種學術研討會：**他認為多聽聽別人寶貴的經驗，謙卑的學習，必可使自己知識及經驗大為增長，少走許多摸索之路。

投身原住民族教育　證明原住民學生的天賦異稟

許多偏遠地區的原住民學生往往因為文化上的差異、文化刺激不足及其他諸多不利因素的影響，造成他們往往輸在起跑點。為了要證明「原住民孩子並不笨」，梁明輝花了十年的時間來實驗證明，他試圖透過改善這些原住民學生的教育環境，讓他們有較好的學習表現。

在擔任屏東縣原住民文教協會理事長及志工的十年期間（2002～2011年），他執行「原鄉教育希望工程」方案，試圖改善屏東縣原住民偏鄉地區的教育環境，提供不少援助：

一．在經費層面上，包括協助清寒學生（國小、國中、高中職、大學）繳交學費，每學期並提供獎學金給奮發向上的優秀學生。

二．在學習資源層面上，包括向社會各界募書、募二手電腦、課桌椅及其他設備，送到偏遠地區成立58間部落教室（含圖書室、電腦教室）。

三．在教學層面上，加強推動閱讀教育、親職教育，並招募退休教師及縣內大學生擔任課輔志工，到各部落開設免費的課輔班，在每天學生放學後給予課輔至少二小時，課輔完畢還提供免費的晚餐；寒暑假招募原住民大學生返鄉服務，給學弟妹們課業輔導等措施。

經過「原鄉教育希望工程」十年的努力，這一群真正出身於偏遠地區、家境清寒的原住民孩子們，大約有397位陸續考上國立大學、更有48位繼續升學就讀碩士、11位攻讀博士班（含一位於美國留學主修音樂）。他說道：「在都會區擁有碩士、博士學位的青年學子可能滿街跑，但是在偏遠原住民部落能有一位考上國立大學，那就要殺豬宴請全村了！」顯示出這項任務的艱難之處，但「原鄉教育希望工程」做到了！他透過十年驗證了「原住民學生並不笨！如果給予他們同樣公平的教育機會，他們一樣可以出人頭地，考上理想的學校。」

此外，令他感到難能可貴且非常窩心的是，那一群曾在協會參加課輔班而後來考上大學的原住民學生們，也時常利用寒暑假回到部落，免費為學弟、妹進行課輔活動並從事老人服務的工作，以此來回饋族人，形成了一個良善的循環。

從學校走向公所　從影響學生走向影響族人

梁明輝自民國2009年退休後，依然擔任協會志工，馬不停蹄地持續服務。他回想2014年在鄉親的鼓勵之下參選了瑪家鄉長並幸運當選，2018年再度競選連任成功，對此他感到與有榮焉，這給了他一個為族人同胞服務的機會。

他當初參選的初衷有二：一為擴大服務範圍，回饋家鄉。二為透過施政，讓族人更重視教育，翻轉命運。在經過多年的鄉長經驗後，他認為透過施政確實更容易讓教育工作順利推展、開花結果。

以經費補助為例，若各學校有經費不足導致活動無法舉行時，身為鄉長的他就會提供適度的經費贊助；又或者家境清寒的學生沒辦法畢業旅行，就由鄉公所支付經費，讓學生能體驗外面的世界，使其拓展眼界。從上面的事件中，看到了梁明輝在擔任鄉長之後，依然將教育愛放在心中堅持，並將希望的種子散播在每一位族人同胞的心中。

投身原住民教育卅餘載，曾任職於多項職務，最後回到故鄉瑪家，為該地教育帶來不同凡響的改變，在原住民教育投入不遺餘力。回顧數年求學與工作經驗，他勉勵學弟妹能夠以誠、正、勤、樸為自身未來的處事準則，並透過閱讀時時刻刻充實學知識、透過聽取他人經驗以豐富自身想法。如同他的教育人生，發揚教育機會均等的理念，堅持信念不放棄，時時刻刻充實自身學理知識，學習做人做事的道理，為族人同胞盡心盡力。

作者於 2020 年獲母校頒贈台灣師大教育學院百大亮點校友獎

獲母校頒贈台灣師大教育學院百大亮點校友獎，
與內人在會場合影留念

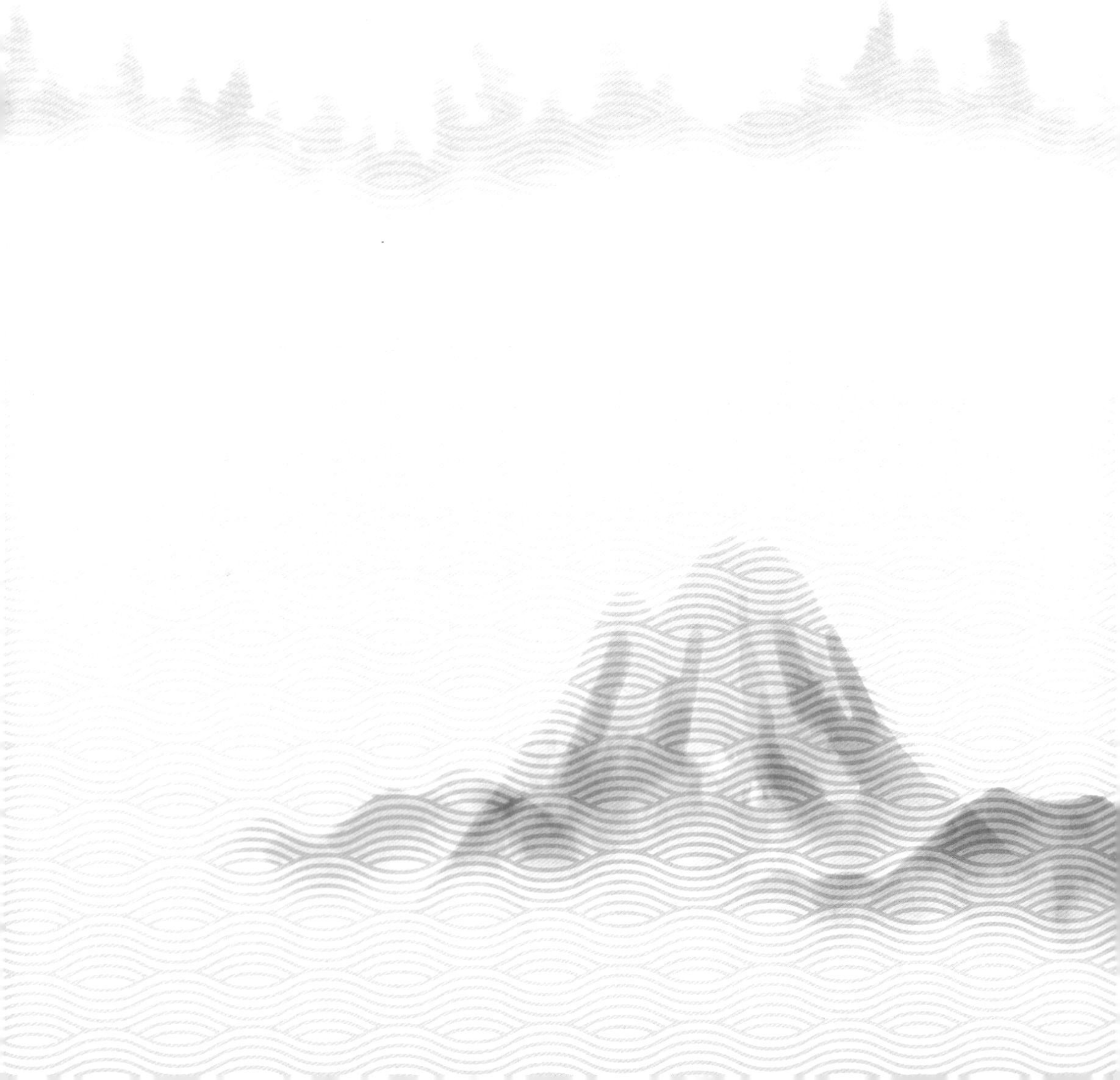

Chapter 2

第二章、認識台灣的原住民學生

2-1．台灣原住民學生的個性

台灣原住民族群十分多元，不同族群間和不同社群間的個性、性格和價值觀等也會有所差異。因此，很難將所有的台灣原住民族學生性格化為一種。不過，一般認為台灣原住民族群具有堅毅、勇敢、獨立、自主、樸實、自然、樂觀、包容等特質。原住民族群在長期與自然環境的相處中，形成了一種與自然和諧共存的觀念，有著尊重自然、生命和人的價值觀，也有一種傳統的「合作共生」的生活方式。

此外，台灣原住民族群的社會和文化結構，也有著強烈的家族和部落意識，重視互相幫助和支援，也喜愛與人建立友誼和互動。這些特質在現代社會中，仍然對原住民學生的價值觀和行為有著重要影響。

曾經與原住民學生接觸過的老師都明白，他們大部分都很好相處，個性溫和、善良、純真、老實、樂天認命、懂得感恩。以筆者個人經驗，以下是一些可能適用於台灣原住民學生的個性描述：

1．害羞與保守

原住民傳統社會比較保守，學生對於陌生人或其他族群的人初見面會顯得害羞，尤其是出生於原鄉部落的孩子。而對於出生或長期生活於都會區的原住民學生而言，態度上就比較自然、大方一些。所以學校老師對於初見面的原住民學生要以親切、溫柔及鼓勵的態度去接納。

2．**善良與懂得感恩**

我這一生都與原住民學生接觸，不論和哪一位學生交往的時間長短我都能感受到他們有一顆善良的心及感恩的心。這可能是民族性，因為學生的善良與懂得感恩，我發覺大多是來自於父母的家教，學生的父母親也都以這樣的態度對待我們學校的老師。

3．**具有豐富的創造力、想像力**

他們從小就接觸到各種原住民的藝術和文化表現，如歌舞、音樂、織品、雕刻等。這些藝術和文化表現不僅反映了原住民的生活經驗和智慧，也激發了他們的想像力和表達力。因此，原住民學生在藝術和文化方面有較高的興趣和才能，也能夠用創新的方式解決問題和表達自己。教育者應該鼓勵和支持原住民學生發展自己的創造力，並提供足夠的資源和機會讓他們展示自己的作品。

4．**具有強烈的團體意識**

他們從小就生活在一個以部落為單位的社群中，並受到部落長老和親友的影響和教導。他們重視家庭和部落的關係，並願意為了集體的利益而付出和奉獻。因此，原住民學生在團隊合作方面有較高的能力和動機，也能夠尊重和包容不同的意見和背景。教育者應該培養和強化原住民學生的團體意識，並提供足夠的互動和合作的場域讓他們學習彼此。

5．尊重長輩和教育者

在原住民文化中，部落領袖、耆老、年長者、教會神職人員、公務人員和知識傳承者的地位受到高度尊重和重視。因此，台灣原住民學生可能更容易尊重教育者和長輩，並願意傾聽他們的指導和建議。

6．重視大自然環境

原住民的生活經驗和文化歷史緊密地與自然環境相關聯。因此，台灣原住民學生有著豐富的大自然常識，尤其是山林河海的智慧及生態保育的觀念。

7．勇氣和毅力

在原住民族群中，勇氣和毅力是非常重要的性格特質，尤其是對於部落的男性勇士和獵人而言。這個特質也可以在學校中體現出來，例如學生會積極參與各種活動，勇於面對挑戰。由於原住民學生的身體強健，動作敏捷，所以也很有運動細胞，對於體育課很感興趣。

8．**對文化傳承和身分認同的重視**

台灣原住民學生可能更關注自身族群的文化和傳統，以及身分認同的建構。他們可能希望將自己的文化價值觀和傳統傳承下去，並保持對自身文化身分的認同感。

以上這些特徵只是對台灣原住民學生個性的一般性描述，實際上每個人都有其獨特的個性和經驗。另外，從小出生及生活在都會區的原住民學生，受漢人及西方文化的影響，可能有不一樣的思維及性格。台灣原住民學生是台灣社會的寶貴資產，他們有著多元而精彩的個性。我們應該尊重並欣賞他們，也應該支持並鼓勵他們。只有這樣，我們才能共同創造一個更美好的台灣。

請容我在此分享1985年，在我即將離開任教六年的偏遠原住民學校——霧台國小大武分校時，在日記簿寫下對台灣原住民學生的純潔與善良之描述。

蒼山峻嶺間，飄蕩著美麗傳說的篇章，原住民孩子們，純淨無瑕的靈魂閃耀著光芒。

你們的眼神透出深邃和安寧，像夜空中繁星閃爍的光芒，你們的心靈如溪流般清澈，如山谷中飄盪的芬芳。

你們山林的智慧，讓學校老師都佩服，你們藝術的才華，展現了魯凱族的優秀。

你們是大地的子民，是靈魂的守護者，你們的美麗與善良，是世界永不磨滅的璀璨明珠。

2-2．台灣原住民學生的興趣與嗜好

台灣是一個多元文化的社會，其中原住民族是台灣最早的居民，有16個政府正式承認的族群，每個族群都有自己獨特的語言、文化、信仰和生活方式。根據教育部統計處，111學年度全國有28萬多名原住民學生，占全國學生人數的3.7％。這些原住民學生在教育系統中面臨許多挑戰，如語言障礙、文化差異、經濟困難、城鄉差距等，影響他們的學習成就和發展潛能。因此，了解原住民學生的興趣與嗜好，並提供適切的教育資源和支持，是促進教育平等和多元文化教育的重要課題。

以筆者長期接觸原住民學生的經驗，他們在下列事項有較多的興趣與嗜好：

1．音樂與舞蹈

台灣原住民族群對音樂與舞蹈有著深厚的文化背景，因此許多原住民學生對於傳統音樂與舞蹈非常有興趣，他們喜歡參加學校的合唱團或舞蹈社。此外，也有學生對現代音樂和舞蹈有興趣，例如流行音樂、創作樂團和街舞等。

2．運動

許多原住民學生對運動競技有天賦和熱情，例如籃球、排球、棒球、田徑、游泳等。他們通過參加校際或社區的運動隊伍，培養和展現自己的體能和技能。例如，阿美族的

學生以田徑及棒球見長，布農族擅長舉重、泰雅族的長跑優異、達悟族的學生以游泳見長，排灣族學生的柔道、摔角及拳擊很不錯等。

3．**藝術與手工藝**

原住民族群有豐富多樣的藝術與手工藝傳統，因此許多原住民學生對於編織、刺繡、陶藝、雕刻、繪畫等有興趣。

4．**自然與環境保護**

原住民族群生活在自然環境中，山林河海的知識豐富，因此對於自然生態保育和環境議題有著特別的關注與興趣。許多原住民學生會參與自然保育、野外求生、環保活動、獵人協會、登山社和戶外探險等相關活動。

5．**文化與語言學習**

許多原住民族群的語言和文化正逐漸失傳，因此一些原住民學生對於學習自己的母語和文化非常有熱忱與興趣，例如語言、歌舞、服飾、工藝、祭典等。他們通過參加各種文化活動或社團，學習和體驗自己的文化傳承。例如，阿美族的學生會參加海祭或豐年祭，排灣族的學生會參加五年祭或收穫祭等。

以上僅是一些可能的興趣與嗜好，每個學生的興趣和特長都是不同的，需要因材施教並時時給予鼓勵參與學習。

原住民學生的興趣嗜好是多方面的，
例如音樂、歌舞、運動、手工藝、
戶外活動等

2-3・台灣原住民學生的宗教信仰

台灣原住民族的宗教信仰調查

台灣原住民族的宗教信仰多元，主要可分為三大類：傳統信仰、基督教和其他宗教。傳統信仰是指原住民族祖先所傳承下來的自然崇拜、祖靈祭、巫術等信仰，是原住民族文化的重要組成部分。基督教是指在西方傳教士的傳播下，原住民族接受了基督教的信仰，主要有天主教和新教兩大派別。其他宗教是指除了傳統信仰和基督教以外，原住民族也有少部分人信奉佛教、道教、一貫道等宗教。

根據國立臺灣大學社會科學院社會工作研究所在2019年進行的「台灣原住民族社會變遷調查」（TISAS）的結果，全國15歲以上的原住民族人口中，有約58%自稱是基督徒，其中約46%是新教徒，約12%是天主教徒；有約28%自稱是傳統信徒；有約8%自稱是無宗教或不知道；有約6%自稱是其他宗教。由此可見，基督教是目前台灣原住民族最普遍的宗教信仰，而傳統信仰則是第二大類。

基督教是目前台灣原住民族最普遍的宗教信仰

宗教對於台灣原住民學生的影響

1．宗教信仰在台灣的歷史轉變

基督教提供了原住民學生新的宗教認同和社會支持。基督教在原住民族社會中的快速發展，與日本殖民時期對原住民族傳統信仰的破壞和戰後台灣社會變遷的壓力有關。許多原住民族在面對部落遷移、祭儀禁止、神靈活動受限等情況下，感受到傳統信仰無法提供有效的協助和解釋，而基督教則提供了新的觀點和可能性，讓原住民族了解自己的生活和靈性世界，並且伴隨著實際生活的種種協助，如教育、醫療、經濟等。因此，許多原住民族皈依信仰基督教，並在基督教社群中找到新的認同和歸屬感。

原民傳統信仰雖然在過去殖民時代受到禁止或打壓，但是在部分地區現今仍然努力復興重振、傳承，每年辦理大型祭祀及文化活動，對於當地原住民學生而言也有影響力。至於其他宗教信仰對原住民學生而言，也是具有道德及教化的功能，我們都給予尊重。

2．宗教信仰在都會區往往是原住民多數人的心靈依靠

原住民學生在都會區常遇到經濟困難、種族歧視、文化差異、學業落後等壓力，往往身心俱疲，還好這些壓力在教會可以得到紓解，因為教會講求包容、忍耐、愛與希望，透過神職人員及教友的鼓勵、歌唱、禱告、接納與協助，因此得到很大的歸屬感及認同。筆者求學時期住在屏東市，教會對我的影響很大，我是在基督長老教會平山教會禮拜，

教會是我的依靠及避風港。

3．宗教信仰的價值觀

宗教信仰通常有一系列的價值觀和信仰，例如尊重長輩、愛護自然、愛世人、講求公平正義等。對原住民學生來說，這些價值觀可能是他們成長過程中的重要指導，有助於塑造他們的人格和品格。例如筆者求學時期都是住在都會區，基督教會對我的影響很大，小學時參加主日學，中學時參加青少年唱詩班、大學時參加校園團契，每一個階段我都認真參加禮拜及教會活動，所以宗教信仰的價值觀深深影響著我的思想及生活。

4．宗教儀式的參與

在許多原住民社區中，宗教儀式和祭祀是一個重要的文化活動，例如聖誕節、耶穌受難日、感恩節和收穫祭等。對於原住民學生來說，參與宗教儀式可能有助於加深他們對文化的理解和認同感。

5．宗教對語言和文化傳統的保護

在許多原住民部落中，宗教與當地的語言和文化傳統緊密相關。宗教信仰有助於保護和維護這些語言和文化傳統，對原住民學生來說，學習和使用自己的語言和文化傳統對身份認同和自尊心有重要的影響。

6．宗教對性別角色的影響

在一些原住民部落中，宗教信仰可能對性別角色和性別平等產生影響。例如，在某些原住民文化中，男性和女性可能有不同的祭祀角色和職責。對原住民學生來說，這可能對他們對自己的性別認同和社會角色的理解產生影響。

總之，宗教對原住民學生的影響是多方面的，包括對價值觀、文化認同、語言和傳統的保護、性別角色等方面的影響。對於教育工作者來說，了解和尊重原住民部落的宗教和文化傳統是十分重要的，有助於建立信任和合作關係，增進老師與部落、家長及學生之間的認同與情感。現在台灣雖然有各種不同的宗教信仰，我們也要適時輔導原住民學生學會尊重別人，因為我們是宗教自由平等的國家。

宗教的力量對於台灣原住民學生是很有影響力的

2-4．台灣原住民學生的休閒活動

台灣是一個多元文化的社會，其中原住民族群佔了約2.4％的人口，有16個不同的族群，各有其獨特的語言、文化和傳統。原住民學生在台灣的教育體制中，面臨著許多挑戰和困難。因此，休閒活動對於原住民學生來說，不僅是放鬆身心的方式，也是保持身份認同和文化傳承的途徑。

台灣原住民學生的休閒活動因地區、族群、文化背景等因素而有所不同，以下是一些常見的休閒活動：

1．手工藝

原住民非常具有藝術才華，如編織、編籃、珠串、製作陶器、雕刻、彩繪等，學生都很有興趣學習，除了接受長輩傳承文化，自己也試著加上創意。

2．戶外探險

原住民地區的自然環境多樣，所以學生的山林溪海知識很豐富。一般來說他們都喜歡參加登山、健行、打獵、捕魚、溯溪、露營或文化尋根等戶外活動，探索大自然的美妙。

3．**音樂、舞蹈**

原住民學生大部分都有音樂及舞蹈的細胞，這是來自於天賦及傳統文化的孕育，所以學生都喜歡參加學校的音樂或舞蹈社團，甚至參加校外比賽，可以發揮他們的才華。

4．**體育運動**

原住民學生從小生活在山林、溪流、大海之間，身體強健，善於跑、跳，喜歡體育運動，如射箭、摔角、賽跑、打球等，學生在學校樂於參加各種運動比賽或訓練，提升身體素質和技能。

5．**閱讀和寫作**

有些原住民學生也表示，他們喜歡閱讀和寫作，例如看書、看雜誌、寫日記、寫故事等，因為這樣可以增加知識和想像力，也可以表達自己的想法和感受。閱讀和寫作也是原住民文化中重要的元素，可以保存和傳播自己的語言和文字，也可以創造和分享自己的文學作品。

6．**文化探訪**

原住民文化非常豐富多元，學生可以參觀原住民族的博物館、文化中心、文化園區、文化村、文化藝術工作坊等，了解其文化背景和傳統生活方式。

7．社區服務

原住民部落的活動非常豐富多樣，學生可以參與社區服務（例如老人文化健康站或社區關懷據點）、志願服務（例如部落學生課後陪讀班或課輔班）等，了解部落的需求和發展。

8．現代新人類活動

這類活動包括學習使用電腦或科技產品，觀看電影、電視、網路影片等，或者玩電子遊戲、手機遊戲、網路交友、桌遊等，透過這些活動，原住民學生可以接觸和了解當代社會的流行趨勢和科技發展。這些活動也可以提供原住民學生一種逃避壓力和困境的方式，或者一種表達自我和創意的方式。

以上就是台灣原住民學生比較喜歡的休閒活動，這些活動不僅能讓他們放鬆身心，也能讓他們保持自己的文化特色和價值觀。我們應該尊重和欣賞台灣原住民學生的休閒活動選擇，也應該支持和鼓勵他們發揮自己的潛能和才華。

原住民學生的休閒活動常可見到「你彈吉他、我唱歌」的畫面

2-5．台灣原住民學生的「喜歡」與「不喜歡」

台灣原住民學生是台灣教育體系中的一個重要群體，他們擁有豐富多元的文化背景和語言能力，也面臨著許多教育上的挑戰和困境。以下筆者將探討台灣原住民學生在學習和生活中「喜歡」與「不喜歡」做的事情，以及他們的想法和感受。

台灣原住民學生「喜歡」做的事

台灣原住民是一個多元化的族群，不同的原住民族群有不同的文化和傳統，因此他們平時喜歡做的事情也會有所不同。以下是一些常見的活動和娛樂方式：

1．**製作手工藝品**

原住民是藝術的民族，頗富想像力及創造力。許多原住民傳統上以製作手工藝品為生，因此學生都很喜歡學習傳統的手工藝活動。不同的原住民族群有不同的風格和技術，他們可以用泥土、石、草、竹、木、毛線、皮革、珠子等材料做出各種美麗的手工藝品。

2．**歌或舞的表演**

歌、舞是許多原住民族群文化的核心，因此歌、舞表演也是一個重要的活動。不同的原住民族群有不同的歌謠、舞蹈風格和動作，有些歌舞較為神聖儀式性質，而有些則是娛樂性質。

3．**傳統美食**

原住民有豐富的傳統美食，如小米酒、竹筒飯、獸肉、刺蔥、馬告、土當歸、土肉桂、大葉楠果實等，這些美食不僅是生活的必需品，也是文化的傳承。

4．**音樂表演**

許多原住民族群有自己獨特的音樂文化，如鼻笛、排笛、口簧琴、八部合音、傳統歌謠等。他們會在節日、儀式和慶典等場合演奏這些音樂，也會自己練習演奏。當然，現在的青年也喜歡自編歌曲或成立現代樂團創意演出。

5．**戶外活動**

許多原住民族群生活在山區和海邊，因此戶外活動也是他們的一大娛樂方式。他們會到山上或海邊打獵、釣魚、摘果子、採藥草等。

6．**美術創作**

原住民的文化也表現在美術創作上，他們會用自然材料、顏料等創作出具有原住民文化風格的繪畫、雕刻和陶器等藝術品。

7．**運動競技**

原住民學生也喜歡參加各種運動競技活動，如籃球、足球、排球、棒球、田徑、柔道、摔角、拳擊等。

台灣原住民學生「不喜歡」做的事

我們不能對台灣原住民族群的所有學生做概括性的描述，因為每個學生都是獨特的個體，他們的興趣、能力和喜好都有所不同。然而，以下是可能讓一些台灣原住民學生感到不舒服或不喜歡的事。

1．**語言隔閡**

許多原住民學生表示，他們覺得自己的母語是最重要的，但在學校裡，他們必須學習使用更多國語或英語，這讓他們感到壓力和不適應。他們也覺得自己的母語被忽視或貶低，沒有受到尊重或重視。他們希望能夠有更多的機會和空間來學習使用自己的母語，並且能夠得到老師和同學的支持和鼓勵。

對於出生或生長在都會區的原住民學生而言，這樣的壓力更大，甚至有人可能連自己的母語都不太會使用或已消失。對於不太會講母語的原住民學生來說，可能會面臨語言障礙，特別是當教學語言不是他們的母語時，這可能會導致學生不太喜歡參與課堂討論或表達意見。

2．**文化差異**

台灣原住民族群擁有獨特的文化和傳統，這些文化和傳統與台灣主流文化有所不同。在一些情況下，學生可能會感到自己的文化背景被忽視或被輕視，這可能會導致他們不太喜歡參與一些課堂或學校活動。

3．**擔憂刻板印象或歧視**

許多原住民學生表示，他們常常遭到其他族群的同學或老師的刻板印象或歧視，例如被認為是不聰明、不勤奮、不文明、不衛生等。這些負面的標籤和評價讓他們感到傷心和生氣，也影響了他們的自尊心和自信心。他們希望能夠打破這些偏見和誤解，並且能夠展現自己的優點和特色，讓其他人看到原住民族的多元和美好。

4．**不喜歡被忽略或排斥**

許多原住民學生表示，他們常常感到被忽略或排斥在學校社會之外，例如在團體活動、社團組織、校園文化等方面。他們覺得自己沒有被接納包容，也沒有被邀請參與。這些情況讓他們感到孤獨和無助，也減少了他們與其他人交流和互動的機會和意願。他們希望能夠有更多的機會和空間來與其他人建立友誼和合作關係，並且能夠享受團體歸屬感。

5．家庭問題

一些原住民學生可能會面臨家庭問題，例如貧困、單親或無親家庭、家庭暴力、家庭成員健康問題等，這些問題可能會對他們的學習和參與學校活動造成負面影響。

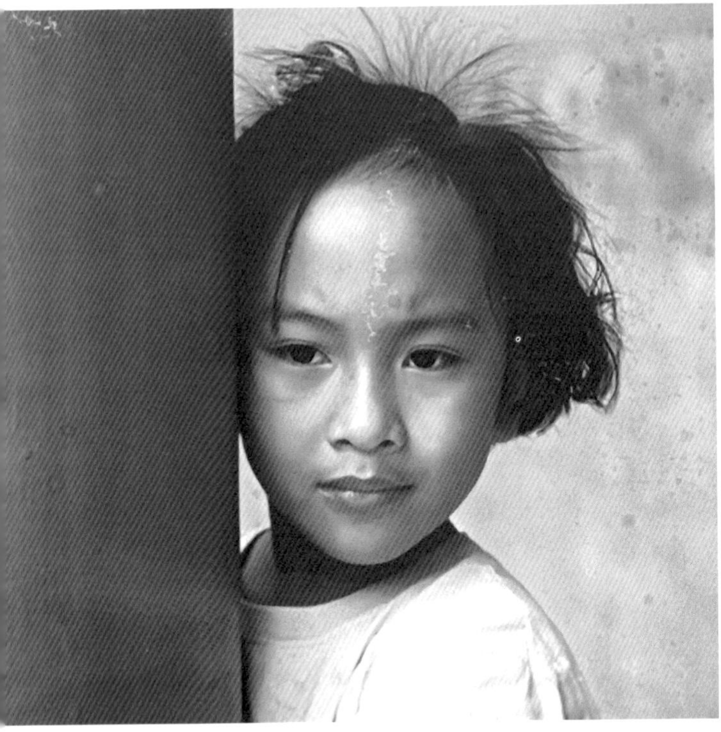

Chapter 3

第三章、
優秀的台灣原住民學生

3-1．台灣原住民學生的美麗

台灣是一個多元文化的社會，其中有16個原住民族，分別是阿美族、排灣族、泰雅族、布農族、魯凱族、卑南族、賽夏族、雅美族、邵族、噶瑪蘭族、太魯閣族、鄒族、撒奇萊雅族、賽德克族、拉阿魯哇族和卡那卡那富族。這些原住民族有著豐富的文化傳統，包括語言、音樂、舞蹈、服飾、工藝、信仰等，是組成台灣文化的重要部分。台灣原住民學生指的是在台灣就讀、具有原住民身分的學生，許多人常稱讚原住民學生很美麗，到底美麗在哪裡？

原住民學生的美麗不僅在於他們的外表，也在於他們的內心。他們的外表是他們的文化和歷史的象徵，反映了他們的祖先和土地的淵源。他們的內心是他們的智慧和品格的體現，展現了他們的信仰和價值觀。原住民學生的美麗是多元而獨特的，值得我們尊重和欣賞。

原住民學生的外在美麗，不只是容貌，而且是包括他們的衣飾、飾品、刺青等方面表現出來的。這些都是他們的文化特色，代表了他們所屬的族群和社區。每一種顏色、圖案、材料都有其特殊的意義和故事，傳遞了他們對自然、祖先、生命等方面的看法和敬畏。原住民學生穿著這些服飾，不僅是為了美觀，也是為了表達自己的身份和尊嚴。

原住民學生的內在美麗，是從他們的語言、音樂、舞蹈、藝術等方面展現出來的。

這些都是他們的智慧成果，反映了他們對世界和人生的理解和感受。每一種語言、音符、動作、形象都有其豐富的內涵和表達力，傳達了他們對歷史、現實、未來等方面的記憶和想像。原住民學生使用這些語言和藝術，不僅是為了溝通，也是為了創造和分享。

他們在教育上面臨著許多挑戰，例如語言障礙、文化差異、家庭經濟困難等。以筆者過去與原住民學生長期的相處，我認為他們有下列美麗的地方，值得我們欣賞和學習。

1．**他們尊重自然和生命**

台灣原住民學生從小就接觸自然環境，學習了如何與大自然和諧共處，保護生態資源，感恩萬物的恩惠。他們也重視生命的尊嚴和價值，不輕易傷害任何生命，並且對死亡有一種平靜和接受的態度。

2．**他們擁有豐富的文化素養**

台灣原住民學生從小就參與各種文化活動，例如祭典、歌舞、故事等，學習了自己族群的歷史、傳統和價值觀。他們也對其他文化保持開放和好奇的心態，願意學習和欣賞不同的文化表現。

3．**他們具有堅強的意志力**

台灣原住民學生在成長過程中遭遇了許多困難和挫折，例如歧視、偏見、貧窮等，但他們沒有放棄自己的夢想和目標，而是努力克服困境，展現出堅強的意志力和毅力。他們也不忘回饋社會，用自己的才能和行動為社會貢獻。

4．他們有著熱情和友善的性格

台灣原住民學生有著熱情和友善的性格，他們喜歡與人交流和分享，不分彼此地幫助和關懷需要幫助的人。他們也有著樂觀和積極的心態，不輕易被困難打敗，而是用笑容和勇氣面對挑戰。

美麗的第一屆全國紅藜公主是高雄師大學生，排灣族
相片提供者 - 楊智明先生

3-2．原住民學生的成功實例

我非常敬佩郭婞淳選手，不僅僅是因為她在東京奧運得到了舉重金牌，為國爭光，更重要的是她這一生奮鬥的精神，實在了不起！遇到了許多挫折與困難，她都正面思考，不氣餒、不放棄，勇敢去面對，她這一種奮發向上的精神，值得所有的學生學習。

＊舉重精靈──郭婞淳

根據新聞媒體《媽媽經》2021年7月28日專文報導：郭婞淳的命運從小就很坎坷，來自台灣阿美族的郭婞淳，出生時就面臨體重過輕、臍帶繞頸的問題，但她奇蹟地倖存下來，因此家人將她取名為「婞淳」。生長在單親家庭，她的母親長期在外地工作，郭婞淳小時候是由外婆帶大的。當時他們家境困苦，積欠房貸，常常需要連夜搬到工寮，或者借住在親戚家。對郭婞淳來說，能夠每天吃到早餐是一件奢侈的事，不過熱愛運動的她，並沒有因為現實環境而被澆熄熱情。她反而透過體育獎學金、獎金等，來負擔自己的學費，以及補貼家用。

郭婞淳在高中進入國家隊培訓，成為舉重選手後，她在2014年準備亞運前的練習時，遭到141公斤的槓鈴壓碎大腿內側的肌肉，導致右大腿肌肉70％斷裂，在兩個多月以來，她只能以輪椅代步。在復健時期，連原本可以舉起的重量，都因為受傷而無法順利承受，這讓她一度信心受挫。但在教練、醫療團隊與家人的鼓勵之下，她重新站了起來。

家境不優渥的郭婞淳，仍將比賽贏得的獎金用來捐作救護車、舉重隊獎助金。郭婞淳表示：「因為當時在國訓中心被槓鈴壓傷，躺在地上等待救護車的那種心情，我很能體會那種焦急的感受。當初連自己都等救護車等了這麼久，更何況是家鄉或更偏遠的地方？」她也每年固定捐助台東體中舉重隊的學弟妹們十萬元的獎助金。

★郭婞淳奮鬥的名言，值得學習：

＊「相信所有的挫折，都是最好的安排。」

＊「正向力量，成就可能。」

＊「人生不只是贏得比賽，而是幫助別人一起完賽。」

＊柔道健兒楊勇緯

另一位在東京奧運得牌的，正是柔道項目男子六十公斤級銀牌，運動精神讓世人敬佩的優秀選手——排灣族青年楊勇緯。23歲初登奧運殿堂，其出色的表現寫下了台灣柔道史新紀錄，成為台灣柔道史上第一人，摘下首面奧運柔道獎牌，得獎的背後是用淚水堆積而來的刻苦歲月。

他是一位為人謙卑有禮、訓練很自律、成功了懂得感恩的人，他的精神值得所有的運動員學習。

自律的人生

根據《親子天下》雜誌 120 期 2021年 9月 1日出刊的媒體報導，楊勇緯家境並不優渥，但他生活自律，乖順有禮。楊勇緯說：「柔道在一個瞬間失去注意，就可能輸掉比賽，需要選手平常在生活中培養自律心態。」自律是楊勇緯一向對自己的要求，他在台中后里國中時的教練李青忠說：「勇緯的柔道精神，跟同儕比起來好很多。」

辛苦的訓練讓他差一點崩潰、放棄，幸好他都忍下去、熬了過來。在他國中七年級的時候，也曾有過放棄的念頭。李青忠教練坦言，他當時相當看好楊勇緯的生涯發展，因此大幅提升了他的訓練強度，例如，安排越級挑戰、延長練習時間、增加重量訓練強度等。比賽前夕，還會要求楊勇緯睡柔道場、教練家，利於密集培訓。

不料，國中七年級的他並不適應，某回夜宿柔道館的夜裡，楊勇緯忍不住情緒潰堤。幸好後來在媽媽的安慰及鼓勵之下平靜下來，楊媽媽說：「其實沒有什麼天才、天賦，是勇緯自己埋頭苦幹，老師給他課表，他就按部就班去做。」為國爭光的心，非常強烈：「想拿金牌，我的目標是奧運金牌！」東京奧運柔道項目男子六十公斤級銀牌得主楊勇緯，走下賽場，以纏著貼布的手擦拭再也止不住的淚水，他面對採訪鏡頭，哽咽的重申目標。想為國爭光的心，給人深刻印象。

懂得感恩的人

東京奧運柔道培訓隊訓輔委員許淑慧分享，奧運奪牌當晚，她便收到楊勇緯的訊息：「雖然不是金牌，但這份感動我們一起分享。」相當窩心。另外他也很感恩每一位家人長期的陪伴與支持，尤其是爸爸、媽媽及哥哥。他說：「有了家人強韌的愛作為後盾，才能有辦法在奧運殿堂上發光發熱，現在是我要回報家人的時候，我要更努力的往夢想邁進，讓家裡的生活品質愈來愈好，這是我想要做的事。」東京奧運之後，他在家人陪同之下也難得回屏東故鄉獅子鄉，與族人共享榮耀。

★楊勇緯奮鬥的名言，值得學習：

＊「欲戴皇冠，必承其重。」

＊「把吃苦當吃補，堅持下去，必定成功。」

＊「為了一瞬間的輸贏，我必須時刻自律。」

＊「人要懂得感恩。」

＊棒球選手張育成、吉力吉撈・鞏冠、林子偉、林智勝

２０２３年３月10日對全台灣的人來說，是一個興奮、熱情、難忘的一個夜晚，世界棒球經典賽Ａ組預賽由台灣隊出戰義大利隊。雙方數度戰成平手，台灣隊展現韌性，林子偉（布農族）第一局先敲陽春砲，接著張育成（阿美族）在第六局轟出追平兩分砲，到第八局吉力吉撈・鞏冠（排灣族）補上三分砲大勢底定，終場以11比７擊敗義大利。

這場關鍵勝利讓台灣保住晉級生機，更如願終止跨屆７連敗、睽違３６５９天終於再次搶下勝利。那麼巧，這三位擊出全壘打的選手都是台灣原住民，可見台灣原住民是非常具有運動的天分。

張育成是臺東縣出身的職業棒球選手，阿美族人，現時效力於美國職棒大聯盟波士頓紅襪隊。

林子偉是高雄市那瑪夏區達卡努瓦里出身的職業棒球選手，布農族人。先後效力於美國職棒大聯盟波士頓紅襪和明尼蘇達雙城隊及小聯盟紐約大都會隊。

吉力吉撈・鞏冠來自於屏東縣瑪家鄉佳義村，排灣族人，２０１２年被美國球探選中，加入美國職棒克里夫蘭印地安人隊，打到３Ａ聯盟。２０２１年回國加入中華職棒味全龍隊，並於２０２２年得到年度全壘打王殊榮。

林智勝是台東縣阿美族原住民，2004年加入中華職棒 Lamigo 桃猿隊，2021年再加入味全龍隊迄今。他是中華職棒傳奇人物，是目前中職全壘打最多的紀錄保持人（已超過 300支）。

讓人感動的是這四位傑出選手學生時期都是奮發向上的模範生，他們具有下列四個共同點：

1．出生於清寒的家庭，但是家人都很支持，自己也很自愛、上進，吃苦耐勞，認真學習，終於成功。

2．為人謙虛、有禮、孝順，也喜歡幫助別人，這是令人敬佩的地方。

3．懂得感恩：張育成最感謝泰源國中校長及教練，他說他國中時曾經想放棄棒球，幸好校長把他拉回來，要不然沒有今天。他也非常感恩栽培他的教練王國慶，「他教我們，人生不是只有棒球，還要懂得讀書跟做人的道理。」林子偉及吉力吉撈．鞏冠也都很感謝家人從小的支持及歷任指導過他們的教練。林智勝幼時父母就離異，由種菜的外公扶養，家境非常貧窮，幸好獲得家扶基金會的協助，幫他找到善心人士（黃醫師）長期資助。所以他在事業有成之後，也加入家扶基金會慈善的行列。

4．不忘本：他們四人常回家鄉部落或讀過的學校、待過的基層訓練營協助基層棒球的訓練，並勉勵晚輩們要努力學習。國家每一次徵召他們參加各種國際性大比賽，他們都義不容辭，努力為國爭光。吉力吉撈．鞏冠是作者的侄兒，他常以身為原住民為榮，他是台灣第一位將漢姓改回原住民族姓名的美國職棒球員（２０１９）。

＊拳擊健將——柯文明、陳念琴、賴主恩

他們三人都是原住民，且來自於清寒的家庭，但是學習拳擊的路上他們不怕苦、不怕失敗、奮發向上為國家爭光的精神感動許多人，值得原住民學習。

國家拳擊教練——柯文明

柯文明是中華民國國家拳擊隊的教練，也是一位前拳擊選手，多次獲得全國拳擊冠軍。他是筆者在霧台國小大武分校所教的第二屆畢業生，父親是國內有名的長跑健將柯蘭琉先生。他的父親很期盼他當一位長跑選手，但是他的興趣似乎不在此，而在於拳擊運動。柯同學小學的時候我就發現，他在下課與同學嬉戲時總喜歡打打踢踢，一下子跆

拳道，一下子拳擊，要不然就是柔道，可見這一位學生非常具有運動的天分，果然他後來就成為我國有名的拳擊手及教練。他最了不起的地方有五點：

1．謙卑有禮、尊敬師長、見義勇為、樂於助人。不喝酒、不抽菸，沒有不良嗜好。

2．奮發向上、努力求學：從國中畢業之後，他考上國立內埔農工並參加拳擊隊，在傳教練辛苦栽培下開始在全國嶄露頭角，後來靠著苦讀又考上體育學院（大學）並參加大型國內外比賽，畢業之後開始在國中、高中擔任老師，也開始兼當學校拳擊教練。他繼續努力求學進修研究所，偶爾也參加國內外拳擊教練講習。由於他教過的學生也都有亮麗的成績，所以目前已升到國家拳擊代表隊的教練，準備奧運會、亞運會及世界性拳擊比賽，為原住民青年優良典範。

3．巡走偏鄉20餘年，拉偏鄉小孩練拳脫貧：他在成德高中擔任體育老師時，確立了自己努力的方向，他抱著「救原民小孩」、「推廣拳擊運動」兩個理想，一頭栽入尋找好手挖來加以訓練的這條路，20餘年來從花東、中央山脈到屏東偏鄉，培育了數以百計的孩子，給孩子們有靠著自己雙拳打出一條生路的機會。他曾得過師鐸獎及２０１４遠見平民英雄榮銜。他的愛心與計畫感動了很多新竹的企業家善心人士，紛紛慷慨解囊，成立了「風拳教育協會」，給予資金上的支持，讓他能租下一棟宿舍收留這群孩子，無後顧之憂的加以教育訓練。

4．有宗教信仰、有愛心：他是老師，也是虔誠的天主教徒，對於家境清寒或家庭不幸福學生展現愛心（身兼父母），提供各項協助並鼓勵奮發向上。星期日也會帶他們去教會參加彌撒，一起禱告互相勉勵。多位學生在全國（或國際）拳擊比賽有優異成績，有名的如陳念琴、賴主恩等選手。

5．懂得感恩，並積極回饋社會：他非常感恩他成長過程中每一階段的恩師對他的指導與栽培，他說他永生難忘，現在他也學習那樣的愛心及態度來栽培他的學生。他也很感謝家人及許多貴人長期的支持。他雖然長期在外地居住，但是家鄉有事他一定會趕回去，例如在八八水災期間，他到處募集物資、金錢，協助自己的故鄉重建，精神感人。

＊他的人生格言是「不斷挑戰自我，不斷超越極限」。他希望自己和他的學生能夠在拳擊的道路上不斷進步，並創造更多的佳績。

柯文明回母校瑪家國中領取 110 年傑出校友獎

女子拳手——陳念琴

維基百科中對陳念琴的簡介是這麼描述的：「陳念琴是出生於台灣花蓮縣的女子拳擊運動員，具有阿美族及布農族血統。畢業於新竹市立成德高中，後就讀國立清華大學運動科學系。曾獲得2014年中華民國運動精英獎，2014年在南京青奧拳擊項目女子69至75公斤級獲得銀牌，在2016年夏季奧林匹克運動會參加中量級拳擊比賽，2021年再次參加東京奧運女子次中量級拳擊比賽進入前八強，並在2022年在亞洲拳擊錦標賽女子70公斤級獲得金牌。」

「勝不驕，敗不餒，成功就是再謙虛。」這是陳念琴的優點，從世界青年拳擊錦標賽冠軍，到全台第一位女拳擊手踏進奧運殿堂，到2020東奧挺進八強賽，陳念琴不停刷新自己的戰績，也讓世界看到台灣原住民的驕傲。堅強的毅力、耐心，不向困難低頭。總統蔡英文在圓山大飯店頒發2022年總統教育獎致詞時肯定東京奧運拳擊國手陳念琴等56名得主，沒有向困難低頭：「你們的韌性鼓勵了社會，也鼓勵了我。」

她很懂得感恩，感謝現在的恩師柯文明教練及其他指導過她的教練，還有家裡人及國家訓練營、拳擊協會的長期支持。

陳念琴在2021年7月30日接受新唐人亞太電視台採訪時指出：

「不要放棄，然後你永遠要相信自己是有實力的，你能踏進來，你就是很偉大的一個人。」

「如果你已經選擇好一條路，你想要去走，那就是堅持下去，因為這件事情你在走的過程當中很辛苦，但是結果一定是最美好的。」

青年悍將——賴主恩

根據「2020全中運在屏東專刊」對賴主恩的採訪報導曾經描述主恩與媽媽之間的對話。由於主恩的家境清苦，也是單親家庭，在部落討生活不易，媽媽總希望他能快點有一份穩定的工作和薪水才能自立。

媽媽說：「家裡的環境一直都不是很好，原本真的是希望他若喜歡拳擊運動就讓他打到高中畢業，高三快畢業時原本想就讓他去讀軍校了，但沒想到我找他談的時候，他卻跟我說……」

「媽媽，對不起！我想要讀大學。」

主恩眼眶打轉的淚水和一路靠著毅力立下的戰果和以及他堅定的眼神，讓媽媽的心被融化了，於是媽媽咬緊牙，答應讓他走自己想的路。媽媽知道，這一點頭，未來還是會繼續擔憂他每次的出賽，這一點頭，接下來的經濟又是繼續考驗……但人生沒有回頭路，與其走一段看起來可能平穩但卻讓主恩找不到絲毫熱情的路，不如支持他的熱情，陪伴他努力築夢，沒有試過，怎麼知道不會看見更美麗的彩虹？

經濟一直是主恩練拳路上最大的阻力，但家人一路相陪與支持，靠著自己所能做的努力（媽媽沒日沒夜賣命擔任看護的微薄薪水、年邁奶奶的老人年金、舅舅身心障礙補助款、鄰居友人的借款贊助……）鼓舞著主恩，讓主恩走在拳擊這條路格外珍惜、份外努力，因為他知道，這個夢不僅僅是自己的，更是背後這些無數支撐的力量！

賴主恩最感恩的人是母親及家人，還有歷年來的指導教練，他希望未來能回報他們的恩惠。還有很重要的力量就是信仰，就如同其名「主恩」，他是基督徒，很信靠主。在原民部落常見居民都有虔誠的基督教信仰，主恩也不例外，信仰一直是背後支撐的那雙最重要的手，讓他不誤入歧途，讓他勇敢往夢想邁進！他也希望有一天能回饋家鄉（屏東縣瑪家鄉涼山部落），他的夢想是要在家鄉蓋一棟拳擊館，集合訓練原住民有才華有興趣的青年，一起努力完成夢想。

＊賴主恩的人生格言：「不論做什麼事情都要堅持下去！哪怕遭受到困境也要勇往直前。」

賴主恩參加亞洲盃拳擊比賽榮獲第三名

＊音樂泰斗——李泰祥

李泰祥的故事是原住民學生學習的榜樣，因為他用自己的行動證明了原住民也能在音樂領域上有所成就和貢獻，也能尊重和發揚自己的文化特色和價值。他也告訴我們，只要有夢想、有才華、有努力、有信心，就能克服任何困難，創造出屬於自己的精彩人生。

李泰祥是一位出生在臺東馬蘭部落的阿美族音樂家，他從小就對音樂有著濃厚的興趣和天賦，他在部落裡聽著祖先們傳唱的歌謠，學習著阿美族的文化和語言。他在國小時就開始自學小提琴，並且參加了校園合唱團。他在國中時，因為成績優異，得到了一個到臺北念書的機會。他在臺北遇到了許多音樂老師和同好，並且考進了國立臺灣藝術專科學校音樂科，主修小提琴。他畢業後，受聘成為臺北市立交響樂團小提琴首席，並且開始了他的音樂創作之路。

他曾經說過，他的音樂啟蒙老師是他的母親，她常常唱著台灣民謠給他聽，讓他感受到了台灣土地的情感和文化。他將中國傳統民歌與現代音樂元素相結合，創造出了獨特的風格和魅力。他的名曲《橄欖樹》、《告別》等深受廣大聽眾的喜愛和讚賞，成為了臺灣音樂史上的經典。他也為雲門舞集、國立臺灣交響樂團等重要的藝術團體提供了精彩的音樂作品，為臺灣的文化發展做出了重要的貢獻。他曾獲得金馬獎、金曲獎、國家文藝獎、行政院文化獎等多項殊榮，被譽為臺灣的音樂大師，也是台灣的國寶級人物。

李泰祥的一生充滿了挑戰和困難，他曾經面臨過貧困、疾病、版權爭議等問題，但他從不放棄自己的音樂夢想，用堅強的意志和積極的態度克服了一切困境，展現了生命的韌性和勇氣。他也用自己的音樂表達了對原住民族群、臺灣社會和人類文明的關懷和貢獻，成為了一位受人敬重和愛戴的音樂大師。可惜他在1988年罹患了帕金森氏症，影響了他的身體和創作能力，於2021年1月因為心臟衰竭而逝世。

＊李泰祥的人生格言是「做自己」，他認為每個人都有自己的特色和價值，不需要模仿別人或迎合市場。他鼓勵年輕人要有自信和主見，要敢於表達自己的想法和感受，要用心去感受生活和世界。他也提倡「做好自己」，他認為每個人都有自己的責任和使命，要用自己的才能和力量去貢獻社會和人類。

＊原住民歌手張惠妹、王宏恩、動力火車及芮斯

這五位歌手是原住民青年奮發向上的典範，他們也都出生於貧窮的原住民家庭，憑著自己的努力與才華，加上家人及許多貴人的協助，才有今天的成就，他們不怕困難努力向上的精神，很值得每一位原住民來學習。

流行天后——張惠妹

歌手張惠妹是台灣卑南族的原住民，她出生於台東縣卑南鄉，是家中的老么，有六個哥哥和一個姊姊。父母親及家人都非常支持張惠妹的音樂夢想，從小就培養她參加各種歌唱比賽和表演。張惠妹的家庭雖然不富裕，但是充滿了愛和溫暖，她和兄弟姊妹之間也有很深的情感。筆者很佩服她的一點是她堅強的毅力，不怕失敗。記得她剛出道時有參加一個電視歌唱比賽節目「五燈獎」，由於她的歌喉出眾，台風穩健，原本大家都很看好她會獲勝，她也很有自信，本來要完成五度五關了，竟然在最後一關失常而落敗。換作是別人可能都沒有勇氣再出現，但是她說：「在哪裡跌倒，就要從那裡爬起來。」她又鼓起勇氣再度報名參加，最後完成了五度五關最高榮譽。

她以豐富的嗓音和搖滾風格征服了華語樂壇，成為華語流行音樂的天后之一。她的歌曲充滿了力量和情感，表達了她對生活和愛情的看法。她不僅是一位成功的歌手，也是一位很關懷弱勢、關懷社會的優秀青年，她的奮鬥精神值得原住民學生學習。她從一個偏遠的原住民部落走出來，克服了種族、性別和文化的障礙，用自己的才華和努力實現了自己的夢想。她也沒有忘記自己的身分和根源，她常用卑南語唱歌，推廣原住民文化，並支持原住民的權益。她是一位充滿自信和魅力的原住民女性，是原住民學生的驕傲和榜樣。

＊張惠妹的人生格言是「不要放棄自己」。她曾經說過：「我覺得人生就像一場馬拉松，你要一直跑下去，不要停下來。你可能會遇到很多困難和挫折，但是你要相信自己，有信心和勇氣去面對。你要做自己喜歡的事情，不要被別人的眼光或者社會的壓力所影響。你要堅持自己的夢想，不要放棄自己。」

吟遊歌手——王宏恩

原住民歌手王宏恩是一位來自台灣的布農族歌手，他出生於台東縣延平鄉武陵村。他以自己的創作和演唱展現了布農族的文化和精神，他也是音樂製作人和節目主持人，他的奮鬥故事值得台灣原住民學生學習。

王宏恩從小就熱愛音樂，他在大學時期參加了多項歌曲創作比賽，並組成了樂團「山上的孩子」，展現了他的音樂才華和堅持。後來他以創作和演唱方言歌曲而聞名，曾獲得第13屆金曲獎最佳方言男演唱人獎和第16屆金曲獎最佳作曲人獎。他的音樂風格多元，融合了搖滾、流行、民謠等元素，並展現了原住民的文化和精神。他也參與了電影、電視劇、舞台劇等演出，以及主持了多個原住民相關的電視節目。

筆者和歌手王宏恩認識於２０２１年本鄉主辦第七屆全國原住民排灣族魯凱族運動大會時，我是以瑪家鄉長的身分邀請他主持晚會節目。我原先擔心請不到他，因為一方面我們的經費預算不足，另一方面當時他已經是台灣有名的主持人、大忙人。沒有想到他回答我：「沒問題，我願意！鄉長不要擔心！只要是原住民鄉的事就是我的事，沒有酬勞我也願意幫忙！」我聽完好感動。

＊歌手王宏恩的人生格言是「不要放棄自己的夢想，不要忘記自己的根」。他認為，原住民學生應該堅持自己的理想，不要被外界的壓力或偏見所影響，也要保持對自己族群的認同和尊重。他希望能用自己的音樂和行動，傳達原住民的聲音和價值，並激勵更多的年輕人追求自己的夢想。

手持麥克風歌唱者是歌手王宏恩，做人非常親切有禮。

流行天團——動力火車

根據維基百科的簡介描述：「動力火車（英語：Power Station），是臺灣演唱組合，由尤秋興、顏志琳兩位排灣族歌手所組成。因其歌聲特殊且具震撼力，於1990年代末期竄起於臺灣歌壇，並曾於2005年，獲得第16屆金曲獎最佳重唱組合獎肯定。」

尤秋興與顏志琳生長在信仰基督教的家庭，他們是虔誠的基督徒，畢業於南投縣三育基督學院。他們在1997年發行了第一張專輯《動力火車》，從此開始了他們的音樂之旅。動力火車的音樂風格以搖滾為主，但也融合了民歌、鄉村、藍調等元素，創造出獨特的動力音樂。他們的歌曲多半表達了對生活、愛情、友情、夢想等主題的看法和感受，深受廣大聽眾的喜愛和支持，專輯《無情的情書》即創下百萬銷售量。

在爆紅之前，兩人為了完成音樂夢想而過著四處打零工的生活，一起度過困頓的日子。動力火車在節目中也曾透露過晚上駐唱、白天從事各種臨時工的歲月，以地下道清潔工的經歷最令他們印象深刻，生活困境一直到正式出道後才有所改善。

動力火車的故事很值得臺灣原住民學生學習，因為他們可以從中獲得以下幾方面的啟發：

1．**勇敢追求自己的夢想**

動力火車的兩位成員都是從小就喜歡唱歌的，他們在高中時就組成了團體，並參加了各種歌唱比賽和演出。他們沒有放棄自己的音樂夢想，即使面對了許多挫折和困難，他們也沒有放棄自己的音樂風格和特色，他們堅持了自己的信念和理想，最終獲得了廣大聽眾的喜愛和認可。

2．**積極學習和創新**

動力火車的音樂不僅有原住民的特色，也有現代的感覺，他們不斷地學習和創新，將不同的音樂元素融合在一起，創造出自己獨特的音樂風格。他們也不斷地嘗試新的音樂類型和形式，如電影配樂、音樂劇、跨界合作等，展現出他們的多元化和開放性。

3．**自豪地展現自己的文化和身分**

動力火車的音樂中充滿了原住民的文化和精神，他們常用自己的母語唱歌，用自己的傳統樂器演奏，用自己的故事和情感感動人心。他們也積極地推廣和宣揚原住民的文化和歷史，讓更多人了解和尊重原住民。他們用自己的音樂表達了自己對自己文化和身分的自豪和驕傲。

4．喜歡做公益

這是筆者與他們接觸之後發現的事實。民國2001年起我擔任屏東縣原住民文教協會理事長，我們執行協會的教育希望工程計畫（在偏遠部落成立免費課輔班、四處募書並成立部落圖書室），記得當時動力火車曾不求報酬的大力協助我們協會在都會區募書的活動及在原鄉成立兒童圖書館開幕典禮的表演。

＊動力火車的人生格言是「不要放棄自己的夢想，不要忘記自己的初衷，不要怕挑戰自己的極限」。他們認為，每個人都有自己的夢想，只要有信心和毅力，就能夠實現。他們也不斷地追求自己的音樂理想，不斷地嘗試新的風格和創作，不斷地突破自己的舒適圈。他們希望能夠用自己的音樂影響更多的人，讓更多的人感受到動力火車的熱情和正能量。

動力火車是一個值得臺灣原住民學生學習的典範，他們用自己的音樂傳達了一個關於夢想、努力、創新、文化和身分的感人的故事。他們有愛心、有宗教信仰、熱心公益幫助族人，是優秀的原住民青年。

動力火車常參加公益活動幫助族人，是原住民青少年的偶像

靈魂女聲——芮斯

歌手芮斯，漢名曾金美，是屏東縣瑪家鄉涼山部落排灣族人，她的恩師就是創作名曲《涼山情歌》的羅萬斗校長，她也是把《涼山情歌》唱紅的歌手。從小學起就展現歌唱才華，後來到瑪家國中及國立內埔農工就讀繼續獲得許多老師的栽培。由於家境清寒，所以高中畢業就提早就業，先到原住民文化園區擔任幾年的主唱歌手，再接著到都會區及世界各地表演。她非常重視排灣族傳統文化的復興重振工作，她用歌聲讓世人明瞭排灣文化的美與深度，她以自己原住民的文化為榮。

根據普洛影音網於2013年1月10日對她的專訪描述：「芮斯，是一個你我都可能感到陌生的名字。她曾是排灣部落的公主。也曾經因為嚮往大都市生活，離開部落。到後來，她更因為想要復興與發揚排灣文化。毅然決然的結束在大都市的工作，重新回到最原始的森林，找回真正屬於自己的排灣靈魂。現在，她回到了大都市，但是真正的排灣靈魂已經穩固的佔據在她的內心。她用行動、用歌聲，希望幫助那些跟自己當初一樣，想要擺脫或遺忘排灣文化的朋友，找回真正屬於自己的東西。」

「芮斯老師」，大家都是這麼稱呼她的。筆者這次與她見面後，才真正瞭解到我們這些漢人，對不同族羣的原住民文化，有些錯誤的認知。以音樂為例。她告訴我，其實原住民的音樂並非全是作為娛樂用途，以她自己排灣族為例說明，音樂都是針對不同儀式或婚喪喜慶而產生的。音樂的內容很嚴肅，都是希望透過歌聲告別過去，迎向一個全新的階段。

在去年底。芮斯老師推出了自己個人第三張專輯《美麗的末日預言》。筆者好奇的問道：「既然排灣族的音樂是嚴肅的，會不會聽起來難以接近呢？」芮斯老師說：「其實三張專輯，雖然都加入了不同形式的配樂，可以讓一般人很容易進入她的音樂世界。重要的是，我最堅持的排灣，最原始的音樂主軸並沒有改變，這也就是為什麼我的音樂拿給排灣族耆老聽，都能獲得極大的共鳴。」

除了繼續推出專輯外，芮斯老師為了復興排灣文化，投入了相當大的心力。她與好友胡健先生合創了「RS原唱者音樂劇團」，並以「米靈岸音樂劇」巡迴南北演出。「米靈岸」以排灣族傳統神話為主，小米作為生命繁衍的故事，富涵了神話的奇幻。精神與現代寓意，整個故事貫穿5000年，希望透過歌謠與器樂的聲響，娓娓道訴老祖先的智慧。

芮斯曾得過臺灣電視公司五燈獎「五度五關」殊榮頭銜，2004年《芮斯歸來》個人專輯榮獲第15屆金曲獎傳統暨藝術類最佳演唱獎，2011、2013年《米靈岸芮斯》及《女巫芮斯—美麗的末日預言》專輯雙雙入圍金曲獎第22、24屆原住民最佳演唱及最佳專輯獎。

芮斯老師很懂得感恩與回饋，只要故鄉、母校或族人請她回去幫忙，她都會義不容辭，不在乎有沒有酬勞。例如，作者曾邀請芮斯老師回母校瑪家國中指導學生手工藝及歌謠，還有原住民文教協會到台北辦理募書活動記者會的表演節目，再來瑪家鄉公所主辦第七屆全國排灣族魯凱族運動大會開幕典禮表演節目，她都盡心盡力完成任務，精神令人感佩，值得原住民晚輩們學習。

她的人生格言：

*「人不能忘本。」

*「排灣文化是非常美麗的文化，需要好好保存、傳承及創新。」

排灣公主芮斯常用動人的歌聲詮釋排灣族文化之美

＊台灣最美的歌聲——希望兒童合唱團與原聲童聲合唱團

希望兒童合唱團（PUZANGALAN）

「PUZANGALAN」是排灣語「希望」之意，希望兒童合唱團成立於２００８年，由排灣族原住民兒童組成。最初是佳義國小校長陳來福、主任蔡義方及指導兼指揮吳聖穎老師三人有感於原住民孩童擁有美好的歌嗓、如天籟之音，應該給予好好栽培訓練，因此成立此合唱團。成軍以來已勇奪三次全國合唱賽特優第一名、兩次中國國際賽金獎第一名，在２０１０年曾被網友喻為「台灣最美的歌聲」，因期待歌聲能為孩子帶來希望，故以排灣語PUZANGALAN（希望）為團名。

２０１２年為實踐與孩子的「努力」約定，繼續陪伴升上國中的孩子前進，離開學校於屏東縣立案正式成立，訂下自信、堅持、視野、感恩四大目標，是由一群想讀書、愛唱歌、肯努力，為有不一樣未來的原民孩子所組成，成員分布於小二至高二，練習以傳承排灣族古調為主，並用現代合唱方式來呈現原民傳統古調，融合古調之悠揚與現代音樂之曲風，呈現不同之音樂風格，讓孩子能接觸多元音樂，並把純真的好聲音，及希望傳播給大眾。讓學生能對自己的文化有自信，肯定自己的努力，在成長的過程中，留下美好、快樂，充滿希望的一頁。

曾多次受邀國際合唱藝術節、國家典禮演出：２０１６匈牙利Zemplen藝術節表演、２０１６總統副總統就職典禮領唱國歌、２０１５廣島全日本合唱連盟兒童合唱節、２０１３德國韓德爾國際兒童合唱藝術節、２０１２德國德勒斯登國際兒童合唱節。

曾獲國際多項金獎肯定：２０１９德國勃拉姆斯國際合唱比賽兒童組金獎第一名、民謠組金獎、聖樂組金獎；２０１８日本東京國際合唱比賽兒童組銀獎、主題曲最佳演唱獎；２０１７佛羅倫斯合唱節暨比賽兒童組金獎、總決賽金獎；２０１７義大利羅馬合唱節暨比賽兒童組金獎、２０１６匈牙利CANTEMUS國際合唱節暨排名賽最佳民謠獎等。

合唱團成立至今十多年，最辛苦的莫過於現任團長蔡義方及指導兼指揮吳聖穎老師；一個要處理大大小小行政業務、一個要辛苦指導學生練唱，學生家長及部落居民都非常感恩，認為他們是上帝派來的天使。另外他們也很感謝社會善心人士及政府長期的支持，讓這一群愛唱歌的孩子有機會完成許多夢想。

原住民學生各個都具有歌唱才華，
希望兒童合唱團享譽國內外，為國爭光。

原聲童聲合唱團

最近有部電影叫《聽見歌再唱》，是真人故事，描述南投縣國小校長馬彼得用心教導布農族孩子練歌的感人故事。在他辛苦帶領下，原聲童聲合唱團最後成功，更揚名走進國際。臺灣原聲童聲合唱團，成立於2008年6月，隸屬「臺灣原聲教育協會」。指揮為布農族的馬彼得校長，團員皆為南投玉山山麓，各部落的原住民兒童。大多數家境困難，但他們認真學習，用心唱歌。其歌聲來自心靈深處，清澈、純淨又和諧，宛如天籟。臺灣原聲教育協會，希望透過教育，培育原住民孩子，成為具有使命感的典範，以帶動部落成長。也希望透過具有國際水準的合唱團，保存傳承原住民傳統音樂，讓世界聽見玉山唱歌。

其實，不只是排灣族、魯凱族及布農族的兒童會歌唱，全台灣各族原住民兒童都一樣具有天賦，愛歌唱。只要給予適當的環境，加上他們肯學、有毅力、有信心，最後都會成功！

3-3．其他原住民學生的成功實例

＊筆者學生中首位出國留學者——杜以佳

杜以佳是筆者在瑪家國中任教時的學生，也是瑪家國中老師愛心團及屏東縣原住民文教協會教育希望工程方案長期贊助的原住民學生。她出生於高雄桃源區深山的清寒家庭，八八水災時，轉到瑪家國中就讀。由於她認真求學，自我要求很高，再加上學校老師及善心人士長期的協助，最後闖出一片天，到美國留學並獲得音樂博士學位。學成歸國之後，任職學校音樂老師，回饋社會與族人。

依據自由時報記者羅欣貞於2012年6月25日的採訪報導描述：「八八風災後，因杜以佳同學家裡經營的民宿生意不好而停掉，屏縣原住民文教協會及母校瑪家國中獲悉後，資助她完成台南大學音樂系學業，她接著考取美國俄亥俄州州立保格林大學音樂碩士班，是協會推動原住民希望工程十多年來，第一位出國留學的學生。」不只如此，後來她又繼續到美國北卡羅萊納州立大學完成博士班學歷，非常不簡單。

她的成功原因有三：

第一、認真求學，品學兼優，謙卑有禮。

第二、積極努力，不向命運低頭，自助而後人助，許多善心人士都說她奮發向上的精神感動了他們，所以都很願意來贊助。

第三、懂得感恩，對於長期幫助她的原住民文教協會、母校瑪家國中老師愛心團隊、黃仕典老師及趙書華總經理、康錦輝先生及其他社會善心人士，她都和他們保持良好的聯繫，表達感恩之情。尤其當她要出國留學及學成歸國時，都和父母親到協會、母校及每一位恩人家裡道謝。另外，她在讀大學時，常參加原住民大學生寒暑假返鄉服務隊，回饋族人。

＊杜以佳的人生格言是：「做自己喜歡的事」「對的事，要執著！」她用這二句鼓勵她母校的學弟妹。

杜以佳同學（後排左二）國中時參加百合公主（模範生）
選拔獲選。

＊金秀珠——低收入戶出身的孩子，也能闖出一片天

她也是筆者在瑪家國中任教時的學生，也是瑪家國中老師愛心團及屏東縣原住民文教協會教育希望工程方案長期贊助的原住民學生。家境清寒，為鄉內登記有案的低收入戶。母親身體殘障坐輪椅，父親自己也是體弱多病，常忍痛出去打零工。金同學在家是孝女，在校是模範生，她奮發向上，精神感人。

善心人士趙書華總經理、康錦輝先生、黃仕典及其他老師，常給予鼓勵及捐助物資、學費，所以金同學國中畢業之後以優異成績考上屏東女中，三年後再考上國立屏東教育大學，畢業後參加原住民特考也金榜題名，目前已回原鄉擔任老師。

她的為人謙卑有禮，微笑常掛在臉上，更重要的是她懂得感恩與回饋。她上了大學及擔任公職期間，常參與社會服務工作（部落學童課輔及其他服務），為原住民青年優良典範。她在大學畢業的時候，曾寫了一封信給我，我看了很欣慰，也很感動：

給敬愛的梁主任，平安！

您像我們生命的蠟燭，為我們獻出了熱和光，給予我們無窮的希望，老師，謝謝您！

我是秀珠，謝謝您一路以來，從國中、高中至今，已超過了九年多，這幾年

您對我們的關心與付出，可能我用九年也報答不完，呵呵！其次，要感謝您給予我們機會在原住民文教協會擔任課輔志工，讓我們學習到人要手心向下（不可向上）的人生哲理，並懂得付出更多的愛在每一位小朋友身上，謝謝您！

敬祝 平安 喜樂

學生 金秀珠 敬上

★金秀珠的人生格言：

＊「原住民，你的名字是勇敢！」

＊「勇敢向前走，主會保佑我們！」

＊我的學生是部落英雄

佳暮四英雄

好幾次從新聞媒體上得知我以前教過的學生有好表現，我都會感到喜悅與欣慰，尤其是在2009年莫拉克颱風（八八水災）期間，能看到我的寶貝學生們前仆後繼回鄉救族人，我的心裡好感動，以他們的表現為榮。

2009年8月14日起至年底，台灣各大報經常在顯著的版面都出現了「佳暮四英雄」五個大字。我翻閱其中一個報，大標題為〈全台灣最帥的男人——佳暮四英雄〉，內容寫著：

二〇〇九年八月，莫拉克颱風以超大雨量重創南台灣，近七百條生命夭亡。在台灣最南端，屏東霧台鄉的佳暮部落，四名魯凱族青年賴孟傳、柯信雄，及徐仁輝、徐仁明兄弟，在危難時刻自願回鄉，靠著智慧與勇氣，組織族人，引導直升機降落，順利協助一百三十五位村民安全撤村。走下機艙，四人向大眾鞠躬，一句「報告，我們把村人都救下來了。」讓許多人熱淚盈眶。

報紙提到的「佳暮四英雄」當中有三位（徐仁輝、徐仁明、賴孟傳）是我在瑪家國中任教時的學生，看到了這一篇報導，我深深的以他們所作所為為榮。其實，他們將全村的人救出那一天，我和協會的志工們剛好在內埔農工的災民臨時安置所服務陸續被安置的災民，他們下了直昇機之後，走到安置所大門見到我，都緊緊的與我擁抱。

他們三位在校時都很乖巧，有禮貌，雖然學業成績沒有名列前茅，但是有運動及藝術才華。徐仁輝及徐仁民二兄弟是田徑校隊，專長是長跑方面，曾參加全國中等以上學校運動大會獲得很好的成績。他們平時話不多，有一點害羞，但是樂於助人，見義勇為；賴孟傳長跑方面也不錯，但是對藝術及園藝方面更有興趣。徐氏兄弟學校畢業後，先後到陸軍航特部涼山特勤隊服役，賴孟傳在故鄉經營有機休閒農場。目前徐仁輝已經擔任佳暮村的村長，繼續為族人服務。

我曾問幾位漢人朋友，為什麼會欣賞「佳暮四英雄」，他們回答：「因為他們勇敢、謙卑，更重要的是對族人有愛。」我聽了深有同感，的確他們是非常愛自己的部落、自己的族人，否則為什麼在他們達成救災任務，最後即將搭乘直昇機離開故鄉時會放聲痛哭呢？他們不愧是英雄，英雄的名必須奠基在「勇敢、智慧、謙卑及愛心」四個條件！

通常我們在遇到大災難時，就會看出哪些人才是真正的愛家鄉、愛族人。我很高興我教過的學生具有這樣的情操，而且他們的傑出表現超出我的預期。最後，我要豎起大拇指，說一聲：「原住民學生，你好棒！」

大武部落守護者

我最初任教的大武部落在八八水災時受到重創，道路中斷，與外界隔離。但是我教過的學生在災害之後所表現的精神讓我非常敬佩。例如柯文明老師，他雖然平時遠在新竹縣成德高中任教或在國家訓練中心培訓拳擊選手，但是在八八水災時，他結合友人到處募集資源，協助族人度過難關。

還有在都會區上班的杜恩妹、盧莉玲、包正福、盧國雄、麥永榮、杜忠盛、盧秋蓮、康惠玲、步英雄、步坤志等也都默默的奉獻心力；其他留在部落的學生也很賣力，他們配合著村長所分配的任務輪流照顧族人，包括包福隆、柯惠珍、杜恩惠、巴淑雯、顏美芳、歐春梅、柯俊光、賴光昌、彭玉美、柯金燕、涂愛霞、巴小菁、柯雯玲、柯曉涓、包英雄等人，有的負責重建工作，有的照顧老人及兒童，有的在部落辦理技藝訓練、文化傳承、兒童陪讀、心靈重建等工作，他們的付出給部落很大的幫助，帶來了重建的希望。

目前部落重建工作繼續進行，為了發展觀光、改善部落經濟及做好文化傳承，他們致力於哈尤溪風景區的開發、魯凱族文化傳承新計畫、老人文化健康站及兒童課輔班的成立等工作。很高興我的學生繼續積極參與部落的事務，麥庸正擔任了村長，柯永吉當選鄉民代表，還有其他學生柯國輝、沙天恩、麥貞玲等現在也都奉獻心力團結合作，努力守護他們的部落。

＊屏東縣原住民文教協會長期贊助的原住民學生

由於地理環境的偏遠、封閉，文化刺激的缺乏，社會資源的不豐，傳統部落文化的消極影響，還有家庭經濟的拮据，家長較缺乏教育投資觀念，學校各項資源不足及教育政策的偏差等因素，使得原住民學生的學業能力往往輸在起跑點，相對於都會區學生差距很大。所以如果要拉近城鄉之間的落差，原住民學生必須要加倍努力及過人的毅力，這一段奮鬥的過程一定是十分艱辛。我的學生當中有好幾位都出身於清寒或單親、隔代教養的家庭，但是他們靠著後天的努力及堅強的毅力，終於衝破逆境，邁向成功大道。以下列舉幾位成功的例子，他們的精神令人敬佩：

董維豪、**吳震威**，他們二位家境清寒，但是靠著努力與堅持拼上台大。吳震威同學後來也考上台大社工研究所，他每年都參加大學生寒暑假返鄉服務隊。

徹摩，台東大學畢業之後，熱衷原住民音樂的傳承與創作，曾入圍金曲獎最佳歌手。他也是每年都參加大學生寒暑假返鄉服務隊。

邱淑娟，家住三地門鄉達來部落，家境非常清寒，求學時期都是靠瑪家國中愛心老師及善心人士康錦輝先生的協助才能升學。她並不氣餒，奮發向上、努力讀書，完成大學學歷，畢業後到醫院做護理工作，目前已升任護理長職務。

卓可欣，母早逝，父親重度殘障（脊髓），家庭極度清寒，家有四位兄弟姊妹，卓同學排行第二，從小就被送到育幼院。卓同學在校品學兼優，樂於助人，謙卑有禮，老師及同學們都非常喜愛。由於她非常懂得奮發向上，所以讀書都不用老師們操心。她唯一擔心的是生活費及學費，幸好她求學過程中曾遇到許多貴人（原住民文教協會、康錦輝先生、趙書華總經理、黃仕典老師及瑪中其他老師等人）常給予勉勵及資助。她也很懂得感恩，在屏東教育大學畢業時，曾寫了一封信給我，我看了也是滿感動的。

梁主任您好，

我是可欣，雖然身為您的學生已多年，但卻不曾踏踏實實的謝過您一次，實在慚愧，所以現在我特地寫這一張卡片向您道謝！這麼多年來感謝您不曾放棄過我們，且願意為我們盡心盡力地尋找資助的管道，為求給予我們一個良好的學習環境，真的很謝謝您！如今我是一位即將要畢業的大四生，不論未來如何變遷，我對您的那份感恩的心不會改變，而您無私的奉獻是我的表率，自我期許，日後我有成就也能幫助協會，為更多需要幫助的部落孩童盡一份力量。

祝 平安 喜樂

學生 卓可欣 敬上

她很奮發向上，目前在工研院上班，常參與公益活動。

羅淑君，她是我在瑪家國中任教時的學生，對於社會服務的工作非常感興趣，所以大學就讀社工系，畢業後主動報名到原住民文教協會擔任志工，協助我執行教育希望工程的工作十多年。後來，更與夫婿（鄉民代表林明河）一起回部落照顧族人，他們結合善心人士的力量成立「涼山課輔班」，相當成功，新聞媒體都有報導。

林逸偉，小時候父母就離異，與母親相依為命，母親多病仍四處打零工維生。林同學在家非常孝順，勤於做家事，很聽母親的話。在學校他也是品學兼優的好學生，曾在瑪家國中獲選為「雲豹王子」——模範生。他也是從國中時期開始接受善心人士的贊助，直到大學畢業。他國中畢業時以優異的成績進入屏東高中，三年後也考上屏東教育大學。

他很讓人敬佩的地方是年年熱衷參與大學生返鄉服務隊，並擔任籌備幹部，他說能為族人做一點事、盡一點力是無上的光榮。

吳權哲，父親早逝，母親始終無業，家境非常清寒，從小學至國中學費、生活費都必須靠親戚或善心人士救濟。吳同學並不因家境如此而氣餒，他更加用功，奮發向上，所以每學期可以領到獎學金貼補家庭生活費。

國中畢業之後他選擇進入華洲工家就讀，一方面該校獎學金很多，只要用功一點，每學期就至少可以得到二、三個獎學金。另一個理由是因為該校要成立合唱團，這是吳同學的最愛，果然該校在那一年得到全國高中職組特優，還到美國巡迴表演，作國民外交。

高中畢業之後，他也以優異成績考上實踐大學服裝設計系，這是他另外一個專長，他說他打算將原住民傳統服飾與現代相結合，將來可以讓原住民的文化走入國際，我們就拭目以待了！他也是一位很懂得感恩與回饋的人，每年的寒暑假都會回鄉服務，照顧學弟、學妹及部落獨居老人，他是一位優秀的魯凱族青年！

高李忠及其弟妹們（高李璇、高李彤、高李杰），家境雖清寒，但是非常孝順且奮發向上，後來都讀到理想的大學。求學時期也是都依靠瑪家國中愛心老師及善心人士康錦輝先生的資助才能升學。在母親的帶領之下，他們都熱心在部落及原住民文教協會擔任志工，很棒的一個家庭。

除了上述幾位同學優良事蹟，另外還有其他好幾位同學也是衝破困境，邁向成功之典範，例如苦練歌唱而終獲原民台歌唱比賽第一名的藍惠君、歌藝精湛談吐幽默的「黑旋風」、立志當老師終於圓夢的郭明義、努力發揚原住民文化的藝術家拉夫拉斯・馬帝靈、汽車銷售業知名的佘宗杰等人，我們都為他們傑出的表現感到欣慰與光榮，讓我們一起為他們按一個「讚！」

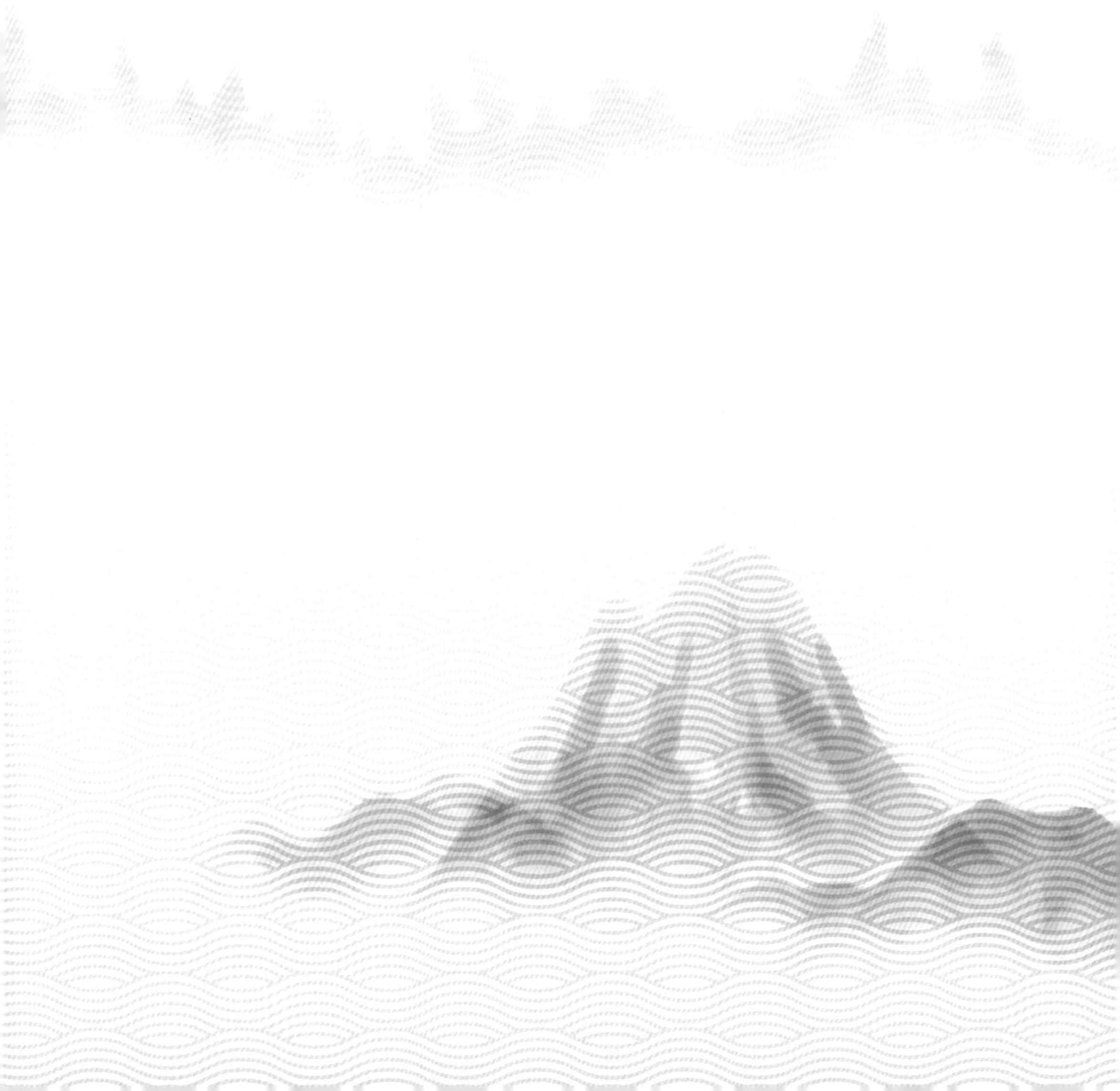

Chapter 4

第四章、
台灣原住民
學生的哀愁

4-1．台灣原住民學生的常見煩惱

經濟問題

近幾年，由於台灣經濟狀況不太景氣，連帶的許多家庭在財務方面出現了問題。尤其是一向處於弱勢的台灣原住民，問題更是嚴重，失業人口急遽增加，造成許多家庭竟然出現無力繳交家人健保費及孩子註冊費之窘境。

筆者在偏遠原住民地區擔任教職三十年，深深感覺：家庭經濟深深影響每一位原住民學生的升學及未來發展。每一學期開學要繳交註冊費，就會見到很多的家庭面臨窘境，那些未繳交或遲交註冊費的學生往往在教室都坐立不安，頭低低的，覺得不好意思。

接受正常的國民教育在台灣應是很普遍的權力，但在許多原住民的家庭卻是如此的難。當都市漢人學生正忙於補習功課以準備未來的升學考試之時，原住民子弟卻還在為本學期家庭是否能付得起學校註冊費而頭痛；當都市漢人學生正猶豫著今天該吃中餐或西餐（麥當勞餐或牛排餐）之時，偏遠原住民地區的學生卻還在為這學期的營養午餐費煩惱；當都市地區父母親忙將孩子帶到科技大展、書展、文物展、畫展等去增廣見聞之時，許多原住民地區的學生卻忙著外出尋找黑夜尚未回家而不知道醉倒在何處之父母？其實，搬到都市居住的原住民生活也過得很苦，筆者的家庭就是其中之一。由於父母親都是從事勞力性的工作，工作機會不多且薪資不高。我們在漢人的學校就讀，文化、語言及膚色的差異，均造成我們求學時不小的壓力。

原住民的學生個性都很樂天知命，家庭的種種困境所造成之壓力不會輕易寫在臉上，他們會藉著歌聲、笑聲來掩蓋，他們也很少怪罪父母，很容易認命。在偏鄉原住民學校教過書的人都明瞭，這些孩子們除了功課基礎稍差之外，其他都很可愛，尤其是在音樂、美術、運動等方面頗具才華。只要我們拿出耐心、愛心協助他們克服周遭困境，相信未來也是一位有成就的中華民國國民。

筆者與友人皆為原住民公教及文化界人士，責無旁貸，理應主動協助族人的困境，故我們在2001年成立了一個合法的社團組織——屏東縣原住民文教協會作為社會服務的基地，三十餘位會員省吃儉用，默默奉獻愛心，有錢出錢（捐款、認養清寒學生或捐書），有力出力（擔任活動義工、免費給學生課後輔導、說故事等），每一個學期大約可以解決一百位學生的註冊問題，如果還不足，我們會繼續努力尋找社會上其他善心人士的協助。

家庭問題

文化差異：台灣原住民族有獨特的文化傳統和生活方式，這與主流社會有所不同，可能導致家庭關係上的矛盾和衝突。

經濟貧困：許多原住民地區的經濟發展較慢，且多數原住民家庭收入不高，這可能導致原住民學生在家庭中面臨經濟壓力和不安全感。

教育程度不足：部分原住民家庭教育程度不高，可能導致在教育方式、價值觀等方面與學校和主流社會產生矛盾。

家庭結構：有些原住民家庭的父母離異率較高，隔代教養率也高，影響孩子的人格成長及升學態度頗巨。

綜合上述因素，台灣原住民學生面對家庭問題時，可能需要適當的家庭支援和輔導，幫助他們增強家庭和諧關係，提高學習成就和生活品質。此外，也需要社會各方面的關注和努力，促進原住民族整體社會發展，改善其生活環境和資源，從而提升原住民學生的學習和生活品質。

學業問題

目前臺灣的原住民族約佔全國總人口數的 2%，與漢人相較，除外表有明顯差異外，更有語言、邏輯思考及生活態度上的不同（傅仰止，1994）。回歸教學現場，原住民學生因文化背景的不同，再加上外型的獨特、口音的特殊，及家庭社經地位不高等因素，導致在原漢混合的學校不易融入學校團體生活，造成自信心低落或畏縮、逃避學習等現象，間接影響學業成績普遍不佳（吳明隆、林慶信，2004）。由此可知，內、外在因素都指出現今大多數原住民學生在學習成就方面是屬於弱勢族群。

近幾年，行政院原民會為深入了解原住民學生在不同學習階段（國小、國中、高中職與大專等）的適應情形，皆委託專業單位辦理「原住民學生在就學階段的適應狀況」調查。調查結果，發現各學制的「學習適應力」最差，其它項目的適應力都還好，這表示各學制的原住民學生在學習適應力上均不理想，這當然會影響到他們在學校的學業成績表現。

國內學者高淑芳教授也曾研究「原住民學生的學力落差問題」，發現原住民學生在聯考時之成績較非原住民學生的差距更大，而且令人擔憂的是，此種差距每年還不斷的增加。

所以我們可以說，多數的原住民學生學業成績一直是低落的，但是由於台灣升學主義氣氛瀰漫，父母親的期望仍然很高，造成孩子心裡很大的壓力。如果父母親不協助孩子找尋成績低落的真正原因並給予根本解決，還一味地指責或懲罰孩子偷懶、不用功，甚至罵他們「你好笨！」「豬都比你聰明！」「我沒有這麼笨的孩子！」讓孩子每天身心俱疲，充滿挫折感與恐懼感，最後結果可想而知，不是逃學、中輟、休學，就是退學了！

然而，近年來，中央政府積極推動原住民族教育，提出各項政策措施以提升原住民學生的學業狀況和學習機會，例如通過原住民教育法及實施細則、投入更多的經費改善學校軟硬體設施、族語列為正式國家語言、試辦民族實驗學校、加強民族教育內容及族語教學、加強補救教學、提供獎助學金等措施，期望可以減少原住民學生的學業落差，並促進族群間的教育平等。

心理自卑感

心理的自卑感是一種主觀感受，當個人認為自己在某方面不如他人或者被排斥時，會感到自己不如他人，進而產生自卑感。

翻開台灣原住民近三百年的歷史，曾遭到不同國家、民族的殖民，造成了族群間的不平等與差異，並且在現代社會中仍然存在著對原住民族的刻板印象、偏見、歧視等現象，導致原住民學生常常感到自己在社會上處於弱勢地位，進而產生自卑感。

此外，原住民學生在學校中也可能因為語言、文化等因素而感到不適應、無助和失落，進而產生自卑感。許多原住民族群從小就生長在山區或偏遠地區，與現代都市的生活方式有很大差異，造成了許多學習和適應上的困難。而從小就出生在都市的原住民學生也一樣都會面臨不同程度的自卑感。此外，學校文化、教育體系等方面的落差也可能對原住民學生的學習產生影響，進而加劇自卑感的產生。

總體而言，原住民學生的自卑感與族群間的不平等、對原住民的偏見和歧視、學校文化和教育體系等多重因素有關。為了解決這個問題，需要從族群間的和諧、對原住民的尊重和理解、教育政策和教育體系等多個層面入手，才能夠真正解決這個問題

性教育缺乏

「性教育」這一個主題，在原住民社會是很少被提起的。因為原住民傳統觀念是蠻保守的，常避而不談；學校方面，只偏重升學科目，未能落實兩性平等教育；在家庭，做父母親的自己也不太懂，每當孩子有問題發問的時候，父母會很尷尬的說：「小孩子不要問太多，以後長大自然就知道了！」教會方面，更是很少討論到此主題。因此，青春期的孩子只好自己摸索。幸運的，可以找到正確答案，但可能也花了他很長的時間去嘗試錯誤；運氣不好的，將會遭遇到挫折及傷害，甚至遺憾終身（有的錯誤只要一次，一生就完了）。

在青少年時期，由於身心快速發展，第二性徵日漸成熟，使得他們對於異性的興趣，顯著的增強。我們原住民地區的青春期孩子（學生）也是一樣，對異性的感情充滿期待。學校老師和家長雖然都反對其結交異性朋友，但是可想而知，想阻擋是阻擋不了的。加上又不和他們談論相關的性教育，造成他們心中的煩惱與焦慮。其次，有的學生更因為社會壓力（教育資源不足、經濟落後、社會歧視等多重壓力）或學業上的挫折可能會將戀愛、婚前性行為和結婚等問題視為可以轉移注意力的途徑，從而藉此減輕自己的壓力和焦慮。

打工或求職受騙

在台灣，原住民族的經濟、社會地位長期處於劣勢，且受到歧視和不公平對待，這些問題可能是導致原住民學生在打工或求職時容易受騙的原因之一。這二年新聞媒體陸續報導許多原住民青年被騙到柬埔寨或東南亞國家打工或就業，需要緊急去援救，國人才驚覺事態的嚴重。

許多原住民學生因為家庭經濟困難或個人學費需求，必須在學期間或假期進行打工賺取生活費或學費。然而，由於很多原住民學生缺乏正確的打工知識和經驗，可能容易被雇主或中介機構欺騙或剝削。

此外，由於一些原住民學生的中文能力較弱，或者因為文化差異而不熟悉台灣的就業市場和法律法規，也容易被雇主或中介機構利用漏洞，讓他們處於不利的位置。

除了打工，求職也可能是原住民學生常常遇到受騙情況的原因之一。一些企業可能會對原住民學生持有刻板印象，認為他們缺乏專業技能和工作經驗，因此容易給予較低的薪水和較劣的工作條件。此外，一些中介機構可能會以不實的承諾或誇大的宣傳方式來吸引原住民學生申請工作，但實際工作內容和條件可能與承諾有所不符。

總之，原住民學生在打工或求職時容易受騙的問題，可能是由於經濟、社會地位劣勢、缺乏知識和經驗、文化差異等多種因素綜合作用的結果。因此，有必要提高原住民學生的就業素養和知識，加強相關法律法規的培訓和宣導，並進一步推動社會公正和平等的發展。

不會說族語

1．語言環境：

許多原住民族語在台灣的語言環境中受到壓抑，很少在大眾生活中使用。由於在學校、家庭、社區等環境中缺乏使用原住民族語的機會，許多學生在成長過程中就沒有學會說族語。

2．教育政策：

台灣的教育政策長期以來都是以中文為主要語言，對於原住民族語的教育相對較少重視。因此，在學校教育中，學生學習的是中文，而非自己的族語，這也造成了原住民學生不會說族語的現象。目前國家語言政策稍有改變，同意把原住民族語也列為國家語言，但是每週只排一節課學習，顯然還是不足。其次，聯考時原住民要獲得加分必須要取得族語認證，的確這樣的教育政策表面上是有效的，但是學生聯考完一旦取得加分之後，又恢復原來少講族語。

3．文化價值觀：

一些原住民族群在長期的外來文化影響下，逐漸失去了對自己語言和文化的重視和保護。許多學生可能覺得學習自己的族語沒有太大的實用價值，並且更傾向於學習外來語言。

總而言之，原住民學生不會說族語的問題，是一個複雜的社會文化問題。我們需要從政策、教育、文化價值觀等方面進行改變，為原住民族語的保存和傳承提供更多的支持和保護。

4-2・台灣原住民學生教師的挑戰——學生常見的偏差行為與輔導

原住民學生常見的偏差行為

一、學習不積極

一些原住民學生的學習不積極，是我當老師的時候感到最頭痛的問題。例如上課不專心、缺席、遲到、早退或作業沒有寫完是常見的事，比較嚴重的還會逃學、中途輟學或休學。

根據教育部統計處的資料，台灣原住民學生的中途輟學比例在各教育階段都高於非原住民學生。以111學年度為例，原住民學生的國小、國中、高中、大學生輟學率分別為0.04%、0.82%、1.41%、2.33%，而非原住民學生的輟學率則分別為0.04%、0.43%、0.88%、1.28%。還有，台灣原住民學生休學比例，根據教育部統計處的資料，111學年度（2022年）台灣原住民學生休學比例如下：國小0.32%、國中0.33%、高中0.39%、大專院校1.75%，顯示原住民學生在升學過程中面臨更多的挑戰和困難，導致無法完成正規教育。

「學習不積極」是原住民學生常見的偏差行為之一，這可能與以下因素有關：

首先，原住民學生往往面臨著社會和經濟方面的挑戰。原住民社區普遍面臨著較高的貧窮率、失業率和低收入水平等問題，這可能會對學生的學習和成就產生負面影響。根據教育部的統計資料，高職原住民學生休學人數中，有10.6%是因經濟困難而休學，而高中休學人數中只有3.8%是因此原因。顯示高職階段的原住民學生可能面臨更大的經濟壓力，無法負擔學費或生活費，或者需要出去工作幫忙貼補家計。此外，一些原住民學生可能面臨家庭暴力、傳統文化的失落、距離學校較遠等問題，這些都可能影響他們的學習狀況和心理狀態。

其次，原住民學生與主流學生之間的文化差異也可能導致消極的學習態度。許多原住民學生對主流學校的學習方式和價值觀可能感到陌生，這可能會對他們的學習和成就產生負面影響。此外，許多原住民學生可能會遇到語言障礙，尤其是當他們的母語不是學校教授的語言時，這可能會對他們的學習和成就產生負面影響。

最後，原住民學生往往缺乏支持和指導。許多學校可能缺乏對原住民學生的支持和指導，這可能會導致學生感到孤立和挫敗。此外，許多原住民學生可能沒有家庭支持和指導，這也可能會影響他們的學習和成就。

綜上所述，不積極學習（缺席、遲到、逃學、中途輟學或休學）是原住民學生常見的偏差行為，這涉及到多種因素。為了幫助原住民學生克服這些障礙，需要加強社會和經濟發展、提供文化適應性教育、提供語言支持和指導、提供家庭支持和指導等措施。

※給老師的輔導建議

1．常與家長聯繫、溝通，讓家長隨時能了解孩子在校學習狀況，必能減少原住民學生發生學習時的各種不佳狀況。

2．常辦理學生家長會或各種親職教育座談，讓家長們一方面了解學校及班級的狀況，另一方面可以讓家長們學習教育子女的技巧。

3．學業成就較不佳的原住民學生及復學的中輟生、休學生應給予更多的包容與關懷。教師不應僅重視學業成就，更應該關心學生的人格成長，讓學生能夠感受到老師及同學的關懷，學生對自己有信心，與老師、同學之間能夠互信互愛，相信會提高學生上學的興趣。發掘學生的才華並給予他們發揮的空間，提高其自信心，使學生每天都喜歡上學。

4．「中輟」、「休學」的孩子，由於太久沒有上課，因此學業能力亟待補救。父母親應該要協助孩子重新奠定基礎。看是要由父母自己教或者請外面的家教，另一方面可與學校老師聯繫，讓孩子參加學校所安排的補救教學或課後輔導班。

5．學校在課程設計上要做改變，某些原住民學生因學習狀況不佳而導致逃學、中輟、休學，對於這樣的學生應採取因材施教的方式，針對學生的需求提供適當的教材，以提升原住民學生的學習興趣，不再視上學為畏途。

6．加強學校的中輟及逃學通報與協尋工作：聯合家庭、學校與警政單位的資源與力量，讓輟學的孩子早日回到學校完成教育。

7．如果部落「遊樂場」及「網咖」店很多，讓孩子們無法專心讀書而常遲到、早退、不寫作業、缺席、逃學、輟學或休學，父母要建議部落的警察及學校訓導人員，要常巡邏及臨檢，一方面勸導學生，另一方面取締不法之娛樂設施。

8．介紹孩子閱讀勵志的書籍或影片：孩子們往往會因為一本書或一部影片的影響而重新振作、奮發向上，做父母的可以自己去購買或請學校的老師推薦都可以。

9．機會教育：把握新聞媒體報導的事件，分析逃學、輟學及休學的不良後果，讓孩子警覺事情的嚴重性。也可以以孩子的偶像明星在學生時期的奮鬥故事為討論題材，相信孩子是很願意聽的。

10．對於家境清寒或家庭遭遇重大天災、重大變故的學生，建議政府及學校給予免學費及營養午餐費，或給予補助金、就學貸款等，以減輕家庭負擔。

總而言之，原住民學生學習不積極是常見的毛病，但是我們做老師的只要依照上述的輔導策略，相信必可降低原住民學生學習時缺席、遲到、不寫作業、逃學、中途輟學或休學等狀況，讓孩子們都能安安心心快樂的學習。

二、抽菸、喝酒、嚼檳榔

「抽煙」、「喝酒」及「嚼檳榔」是原住民學生常見的偏差行為（梁明輝2012），從許多研究報告顯示，這三項行為深深影響到原住民的身體健康，例如罹患肺癌、口腔癌、其他部位癌症、肝病、心臟血管疾病及呼吸系統疾病等。

根據衛生福利部國民健康署的統計，2019年台灣原住民學生抽香菸的比例為15.8%，高於非原住民學生的9.4%。原住民學生抽香菸的比例在各年級中也有明顯的差異，由國小六年級的3.5%逐漸上升到高中三年級的28.2%。

根據教育部統計處的資料，原住民學生喝酒的比例在不同學習階段有所差異。國小階段的原住民學生喝酒的比例最低，僅有0.3%；國中階段的原住民學生喝酒的比例為4.8%，高於全國平均的3.9%；高中職階段的原住民學生喝酒的比例為17.8%，也高於全國平均的13.1%；大學生階段的原住民學生喝酒的比例則為36.5%，略低於全國平均的37.1%。這些數據顯示，原住民學生在國中和高中職階段較容易接觸到酒精，而在大學階段則較能控制自己的飲酒行為。

根據教育部統計處的資料，110學年原住民族教育概況統計結果顯示，原住民學生嚼檳榔的比例（國小、國中、高中職及大學生）如下：國小0.4%國中0.8%高中職2.5%大學1.9%。從數據當中可以看出，原住民學生嚼檳榔的比例隨著學校類型的提升而增加，其中高中職生的嚼檳榔比例最高，達到2．5%。這可能與高中職生的年齡、社交壓力、文化認同等因素有關。

嚼檳榔是原住民族的傳統飲食文化之一，也是社會交流、情感表達、祭祀祈福等活動的重要元素。然而，嚼檳榔也會對身體健康造成危害，如口腔癌、牙齒變色、胃病等。漢人對原住民常有一個刻板印象，就是「愛喝酒」、「愛嚼檳榔」，這一種說法不一定正確，但是有時候我們在部落裡見到一些年紀輕輕的人，卻因「酒精上癮」或相關疾病而不能出去就業或繼續求學，我們不禁搖頭嘆息！所以我們做父母的，不能小看「抽煙」、「喝酒」及「吃檳榔」這些行為，因為它對孩子們身體及心理的健康造成嚴重的影響，我們最好提早輔導，以免孩子養成習慣了（上癮）才來治療可能就來不及了。以下我們繼續探討原住民學生為什麼會「抽煙」、「喝酒」及「嚼檳榔」呢？原因可能有這幾點：

1．好奇心

青春期的孩子由於身心變化快速、他們對什麼都感到好奇，想要嘗試。

2．得到同儕團體的認同

孩子為了求取同儕的認同而學習到的行為。

3．**表示自己已經長大**

青少年往往認為吸煙、喝酒或嚼檳榔象徵成熟，欲藉模仿成人的行為，讓別人認為他已經長大了！

4．**不良情緒的宣洩**

有的孩子總認為自己是被人遺棄的、沒有人愛的，因此接觸這些東西可以滿足自己的心理需求，暫時忘記煩惱。

5．**社會壓力**

原住民學生可能感受到來自家庭、社區和學校的社會壓力，例如面臨文化衝擊、種族歧視、貧窮和不公平待遇等。這些壓力可能促使他們去尋找一種可以暫時忘卻這些問題的方式，而抽菸、喝酒、吃檳榔可能成為其中一種方式。

6．**學習父母親的行為**

許多研究報告顯示，家庭是孩子「變調」行為的最大製造廠，因為父母是孩子最親近的人，影響力也最大，所以父母如果沒有好榜樣，那孩子變壞的可能性就很高。以前我輔導一位原住民學生戒酒，我問他酒從哪裡拿的，他回答：「父母親喝不完剩下的」，我不太相信，就撥電話請他的父母親到學校。他的父親向我坦承有這一種情形，他還說：

「我的孩子不只是拿酒，我口袋裡剩下的香菸他也拿！他的母親剩下的檳榔也會拿走。」所以，父母親的行為孩子們都會默默的學習，不得不慎重。

7．社會環境的影響

如果整個部落盛行喝酒、抽煙及嚼檳榔的風氣，那孩子們會覺得這是族人的文化，當然會努力學習，並傳承下去。記得在我小的時候，部落裡流行著一首歌好像叫《白米酒我愛你》，幾乎人人會唱，尤其是酒鬼們聚在一起時，這一首是他們的必唱曲。從這一首歌在部落受歡迎的情形，你就可知道喝酒人口在原鄉是蠻多的。

總之，原住民學生抽菸、喝酒、嚼檳榔的原因是很複雜的，不能單純地歸因於他們的種族文化、家庭、社區或個人因素。我們應該尊重和了解他們的文化、生活經驗及個人生理心理，並提供支持和幫助，讓他們能夠建立健康的生活方式和積極的人生目標。

※給老師的輔導建議

這是一個重要且具挑戰性的問題，因為原住民學生的菸、酒、檳榔使用與其文化、社會、心理等因素有關，需要多元且整合的策略來進行預防性衛生教育。以下是一些可能的輔導方法：

1．最重要的是老師要以身作則，這在原住民地區是很重要的。有些老師自己都在抽菸、喝酒、嚼檳榔，請問如何輔導學生？學生沒有一個可以正確模仿的對象。

2．增加原住民學生對菸、酒、檳榔危害的認知，讓他們了解這些物質會對身體健康、學習成績、人際關係等造成負面影響，並提供正確的資訊來消除錯誤的信念或迷思。另外，我們可以尋求專業輔導和支持。學校、社區和醫療機構可能提供有關戒菸、戒酒、戒檳榔的資源、方案及輔導計畫。此外，家人和朋友也可以提供支持和協助，例如陪伴他們戒除、鼓勵他們參加戒除計劃等。

3．老師應該了解學生的家庭情況，並提供適當的支持和輔導。建立家庭治療小組或與社區合作提供家庭支持和諮詢服務等都可以幫助學生解決家庭問題。

4．強化原住民學生的自我效能，幫助他們建立自信和自尊，讓他們相信自己有能力拒絕或戒除菸、酒、檳榔，並教導他們一些實用的技巧或策略，如如何拒絕同儕壓力、如何轉移注意力、如何尋求支持等。

5．建立原住民學生的主觀規範，讓他們知道大多數的人並不贊成或支持菸、酒、檳榔使用，並引導他們思考自己的價值觀和目標，讓他們明白菸、酒、檳榔使用與自己的期望和夢想是否相符。

6．建立原住民學生的正向態度，讓他們看到不使用菸、酒、檳榔的好處和優點，如健康、美觀、節省金錢等，並提供他們一些替代性的活動或興趣，如運動、音樂、藝術等，讓他們感受到無菸、無酒、無檳榔的快樂和成就。

7．建立原住民學生的無菸、無酒、無檳榔支持環境，讓他們感受到家庭、學校、社區等各方面的關心和幫助，並鼓勵他們與其他不使用菸、酒、檳榔的同儕交流和互動，形成正向的社會影響力。

以上是一些可能的輔導方法，但每位原住民學生的情況和需求可能不同，因此需要根據個別情況來調整和適用。此外，輔導也需要長期持續和跟進，才能達到預期的效果，希望這些方法能對您有所幫助。

三、接觸或吸食毒品

我這邊所說的毒品是廣義的，包括吸食強力膠、安非他命、興奮劑、大麻煙、鴉片、海洛英、嗎啡、迷幻藥或注射速賜康等，會傷害我們身心的藥物。

通常原住民部落的孩子由於較無經濟基礎，所以吸食的以強力膠、安非他命或便宜的迷幻藥、興奮劑為主，其他的毒品較少見。

至於毒品的來源呢？我們原住民地區原本是較單純的環境，過去很少聽到有人吸食毒品，但是近幾年來一些到外地工作或就學的年青人染上惡習之後帶回故鄉，使故鄉吸毒人數開始增加。其次，有部分的外地人直接販賣毒品到部落，他們透過當地幾位已經在吸食的原住民青少年或在特種營業區上班的人當下線協助販賣，有一點像老鼠會的方式給予酬勞或換得免費吸食的機會。

毒品可分為1級至4級，不同級別的毒品對身體和心理的影響也不同。一般而言，1級和2級毒品如海洛因、可卡因、鴉片等，會造成嗜癮、依賴、耐受性增加等現象，長期使用會導致器官衰竭、感染、中毒等嚴重後果。3級和4級毒品如安非他命、K他命、搖頭丸等，則會造成興奮、幻覺、失眠、食慾減退等現象，長期使用會導致精神障礙、情緒失控、記憶衰退等嚴重後果。無論是哪一種毒品，都會嚴重影響青少年的學習、人際關係和未來發展。

根據衛生福利部108年藥物濫用通報統計，全台共有1萬3千多名學生通報吸毒，其中原住民學生佔了7.6%，約有1000多人。相較於非原住民學生的吸毒率0.5%，原住民學生的吸毒率高達2.4%，是非原住民學生的近5倍。這些數據顯示，原住民學生面臨較大的毒品危機，需要更多的關懷和預防。我們的孩子一旦吸食成習慣，不但要破財，而且戕害身心健康非常嚴重。且為了要獲得毒品，容易受歹徒誘惑或控制，做出一些犯法的事情。

筆者曾經協助二、三位染上毒癮的原住民學生「戒毒」，那是一段痛苦又漫長的日子，要戒掉真不容易，非得要靠戒毒者堅強的毅力及家人的陪伴、鼓勵才有可能成功。所以，我常勸原住民青少年「什麼東西都可以碰，就是毒品不能碰」。我們做家長的要提高警覺，務必要把毒品趕出部落，以免我們的孩子繼續受害。原住民學生會接觸或吸食毒品，可能有下列原因：

1．**好奇：**剛開始大多是因為好奇心，想試試看是什麼感覺。

2．**同儕朋友的慫恿：**很多人是因為禁不起朋友的慫恿而開始嘗試，經過幾次吸食之後就上癮了。

3．**家庭失去溫暖：**失去家人的愛及關懷，就只好到外面去找溫暖，很容易就被不良幫派或販毒者所吸收。

4．**環境壓力：**在學校、家庭或就業的地方壓力很大，為了宣洩不滿的情緒、逃避師長、上司的責罵或滿足某些幻想等，也是吸食的原因。

5．**其他原因：**性格不成熟、個性依賴、情緒不穩定等。

※給老師的輔導建議

原住民學生有接觸或吸食毒品，是一個嚴重的社會問題，需要多方面的關注和幫助。老師在面對這種情況時，應該採取以下的策略：

1．**建立信任關係**

老師應該以尊重、同理和關懷的態度，與原住民學生建立信任關係，讓他們感受到被接納和支持，而不是被責備和排斥。

2．**了解原因和影響**

老師應該嘗試了解原住民學生接觸或吸食毒品的原因，可能是受到同儕壓力、家庭問題、文化衝突、自我認同危機等因素的影響。同時，也要讓他們明白毒品對身心健康、學業成績、人際關係等方面的負面影響，並引導他們思考自己的目標和價值。

3．**鼓勵家長要常陪伴孩子，家庭氣氛要保持和諧，不要讓孩子長期落單**

筆者處理過的吸毒個案，大部分是隔代教養、單親家庭或家長長期不在家，在外地工作，因此孩子沒有人管教，很容易變壞。所以我常呼籲原住民家長，不要長期離開孩子，以免孩子變壞，如果一定要到外地長期（一年以上）工作，最好孩子也轉學到工作地附近學校讀書。如果發現孩子已經染毒了，家長就要立刻和孩子同住，開始展開戒毒輔導。

4．輔導學生謹慎交友

根據許多案例，原住民學生會接觸毒品，大部分是朋友的介紹及慫恿，所以我們要過濾他的朋友，如果學生已經染毒，那更要積極介入，不准學生再接近壞朋友（必要時，可以請警察出面嚇阻販毒者）。如果不太清楚學生在外交友狀況，可以聯繫家長或常與他在一起的鄰居或同學。原住民學生如果長期離開家人單獨在都會區租屋就學，也要時時提醒，不可結交壞朋友。有時候也可以用電話和其家屬聯繫，瞭解學生交友的情形。

5．鼓勵培養學生多方面的興趣、嗜好

不但孩子不會無聊，且可以轉移注意力，另一方面又可以發揮自己的才華，增加成就感及自信心。

6．學校老師要常和家長、學校訓導人員聯繫及配合

就可以阻止許多事情發生，尤其當學生有偏差行為的徵兆出現時，更需要家長相配合，給予孩子適當的勸導及糾正。

7．要求助於醫生或專業機構

如果學生已經養成習慣（上癮）時，要求助於醫生或專業機構。早一點治療，還來得及根治。治療的過程是艱辛苦的，需要耐心、需要毅力，也要鼓勵父母多陪伴孩子，時時給予鼓勵，讓他們能堅持到最後。身為老師應該持續地跟進和支持學生的戒毒過程，給予他們鼓勵和肯定，並協助他們解決可能遇到的困難和挑戰。

8．依靠宗教信仰的力量

這也是一種有效的治療方式，我曾見到有部分染上毒癮的人，怎麼治療都失敗，最後竟然從宗教信仰上得到解救。長期吸食毒品會逐漸變成一種心理依賴，要戒掉不容易，所以我們依靠宗教的力量，是有機會讓病人轉移心理依賴，這必須要戒毒者本身堅強毅力及家人耐心陪伴、鼓勵才會成功。

9．在部落裡，要加強防毒、戒毒宣導

要建議各機關團體（村辦公處、社區協會、學校、教會及衛生室等）應該多辦理防毒及戒毒的宣導活動，方式要多元化、趣味化，以提高效果。以筆者過去宣導的經驗，我會比較贊同讓一些戒毒成功的人現身說法，這一種方法是很有效的，因為演講者本身是過來人，瞭解戒毒時的困難在哪裡？如何克服困難，走向成功？所以比較能獲得聽眾的信任。有時候學校也可以安排參觀活動：例如到毒品勒戒所參觀，學生一定會感觸良

多，往往效果勝於家長的千言萬語，相信對孩子是有幫助的。

10．發現毒品來源，要立刻與警方聯繫

如果部落裡發現毒品來源，最好馬上與警方聯繫，讓警方早一點抓到販毒者，以免部落內更多人受害。

毒品問題在今日已成普遍的世界性問題，愈是自由民主的國家受到的影響愈大。我們原住民部落雖然地處偏鄉，但近幾年發現接觸毒品的人數不斷攀升。所以我們做老師及父母的人，要更積極去面對挑戰，除了平時要多陪伴及接納學生，以增進師生間的情感，並做到上述所列的輔導要點，必定可以來得及挽回你迷失的學生。

四、網路沉迷或手機成癮

沉迷網路

最近二、三十年來網際網路〔World Wide Web〕蓬勃發展，我們都可以見到學生在家、在學校、在街上的網咖及其他地方，使用電腦或手機上網，打資料、上社群網站聊天或玩遊戲等。在原住民地區，學生家庭經濟許可的就會自己購買電腦或手機來上網，家庭經濟比較差的就會到網咖上網或者到朋友家借用。

科技的東西並不是不好，而是要善用。有的學生上網的時間太長會影響身體健康、學業、人際關係等，如果學生上網沒有給予適當的指導，可能會學壞或受到詐騙等情事，不得不慎。網路沉迷是指過度使用網路或電腦，導致學業、人際、健康等方面的負面影響，是一種心理與行為上的依賴。根據國發會的調查，我國12歲以上民眾有7．0％有網路沉迷傾向，其中以青少年層最高。而在青少年中，原住民學生的沉迷網路比例很高。

網路沉迷的原因可能有多種，例如家庭沒有溫暖、對網路新科技的好奇與新鮮感、網際網路人際互動的吸引、生活壓力、情緒困擾、缺乏社交技巧、尋求刺激或逃避等。網路沉迷的表現可能有以下幾種：無法控制上網時間，對其他活動失去興趣，上網影響日常功能，出現戒斷症狀，忽視人際關係等。台灣原住民學生是一個容易發展網路沉迷的高風險群體，因為他們可能面臨較多的文化認同、教育資源、家庭支持等方面的困境。要解決台灣原住民學生的網路沉迷問題，需要多方面的合作與努力。

手機成癮

「手機成癮」則是指過度依賴手機的行為，對個人、家庭和社會造成負面影響。根據最近的一項調查，我國學生的手機成癮比率高達40％。這意味著每五個學生中就有兩個無法控制自己的手機使用時間，並且因此影響了學習、睡眠和社交。手機成癮不僅是一個個人的問題，也是一個社會的問題，需要引起家長、教師和政府的重視和干預。

手機成癮不僅影響學生的學習效率和品質，也威脅他們的身心健康和社交能力。彰化師範大學本土諮商心理學研究發展中心主任王智弘教授說，通常孩子是因與現實生活缺乏連結，才容易網絡成癮。他歸納十大網絡成癮的危險因子，包括社交焦慮、憂鬱、無聊感、低自尊、神經質、課業或工作壓力、家庭關係不佳、以及有敵意、衝動控制不良的人，容易網絡成癮。台灣原住民學生由於面臨多重的壓力和挑戰，例如語言障礙、文化差異、經濟困難、家庭問題等，更容易產生手機成癮的傾向。手機成癮是台灣原住民學生新的問題之一，需要引起老師的重視和關注。

※網路沉迷的輔導建議

1．了解原住民學生上網的動機和需求，是出於好奇、娛樂、逃避、社交還是其他原因。

2．與原住民學生建立信任和關懷的關係，讓他們感受到被尊重和接納，並鼓勵他們分享自己的想法和感受。

3．幫助原住民學生認識網路沉迷的危害，如影響身心健康、學業成績、人際關係等，並提供一些減少上網時間和改善上網品質的建議。

4．協助原住民學生發展其他興趣和技能，轉移注意力，如參與戶外活動、運動、音樂、藝術等，增加他們的自信和自我價值感。例如，以前我有一位學生，常常逃學、逃家到網咖玩，如果沒有錢玩就會想辦法偷，他的家人及導師怎麼勸都沒有用。我有一次把他叫到辦公室談話，以瞭解他其它的興趣、嗜好，他說他從小對遙控飛機很有興趣，他很想當飛行員，但是家裡窮買不起。後來，我協助他買了一台比較便宜的遙控飛機，他就常常在學校操場玩。他的母親告訴我，他有了遙控飛機之後，就很少再去網咖，生活比較正常了！

5．與原住民學生的家長和社區合作，共同關注和支持他們，並制定一些合理和可行的規範和目標，如限制每天上網的時間和內容，設定學習和休閒的計畫等。

6．鼓勵學生家長儘量營造家庭溫馨的氣氛：夫妻和睦、家人和諧、親子和樂，孩子就會覺得和家人一起是最快樂的時光，不會到外面亂跑。

7．機會教育：把握新聞媒體報導的事件，分析網路沈迷的不良後果，讓孩子警覺事情的嚴重性。

8．大人應以身作則，避免整晚或終日上網交友或玩電腦遊戲。

9．老師在學校可以介紹一些有教育意義的軟體讓學生在網路上學習，也鼓勵學生的家長，有時候可以和孩子一起玩網路遊戲，將網路變成和孩子溝通的工具。不但可以增進親子間的感情，而且會讓孩子覺得父母很有誠意接納他，此時再找機會慢慢與孩子分析網路沈迷得與失，讓他們好好思考一下。這樣的方式，孩子往往比較能接受。

※手機成癮的輔導建議

1．建立信任關係

老師應該以尊重和理解的態度，與學生建立信任關係，讓他們感受到被接納和支持。老師可以主動關心學生的生活狀況，了解他們使用手機的原因和目的，並提供適當的幫助和引導。

2．**提供替代活動**

老師可以提供一些替代手機使用的活動，例如體育運動、藝術創作、社團活動等，讓學生有更多的興趣和動力，減少對手機的依賴。老師也可以組織一些與原住民文化相關的活動，例如學習母語、參觀部落、欣賞傳統藝術等，讓學生增強自己的文化認同和自信心。

3．**教育正確使用手機**

老師可以教育學生正確使用手機的方法和原則，例如設定合理的時間限制、避免在上課或睡覺時使用、選擇有益的內容和應用等。老師也可以教育學生識別和防範手機成癮的危害和風險，例如影響視力、耽誤作業、降低注意力、減少人際交流等。

4．**與家長合作**

老師可以與家長保持良好的溝通和合作，讓家長了解學生的手機使用狀況，並提供一些家庭教育的建議和策略。老師可以鼓勵家長給予學生更多的關愛和陪伴，並設定一些家庭規則和獎懲制度，以協助學生克服手機成癮。

5．**老師要以身作則**

很多老師在學生面前經常使用手機未以身作則，只想要學生戒除難上加難。

學生網路沉迷及手機成癮行為的預防之道，在於及早發現、及早處理，若一旦沉迷或成癮症候出現，才要來解決問題，可就事倍功半囉！因此，當老師覺得學生出現網路沉迷或手機成癮的跡象時，先不要過度焦慮或一味指責，宜去瞭解他（她）們在現實生活中遭遇到的困難或挫折為何，並用關心、同理、引導的態度陪同學生走入問題情境。

同時學校老師也可尋求家長或輔導人員的協助與配合，讓孩子從日常生活中去建立成就感及自信心。還有，部落裡的各單位應該要密切配合互相支援，尤其是警察單位更要拿出魄力，將違法沒有執照的網咖店、電動遊戲場趕出部落，如此才能幫助部落孩子逐漸遠離虛擬的網路世界。

五、飆車

飆車是一種極端危險的行為，往往會導致車禍和人員傷亡。許多原住民學生因為種種原因，包括貧困、家庭問題、文化衝突等，可能會受到壓力和挑戰，並且可能會尋求刺激和冒險的方式來應對這些挑戰，其中飆車就是一種可能的方式。原住民學生喜歡飆車的原因可能是——

面臨社會經濟地位低下、缺乏家庭溫暖、文化認同感缺乏、教育資源不足、結交愛飆車的朋友等問題。這些都可能導致他們缺乏自我價值感和自尊心。飆車行為可能會給他們帶來短暫的自我肯定和自我價值感，但同時也會帶來嚴重的風險和後果。

1．環境因素：

根據我在原住民學校服務的經驗，要叫原住民青少年不騎機車很難，因為環境的關係，原住民地區交通不便，地處偏遠、馬路較小、公車也少（許多部落沒有公車），大部分的家庭使用機車當交通工具比較方便。許多家長明知道青少年孩子未滿十八歲、還沒有駕照，但卻默許孩子騎機車，因為孩子可以幫忙家長做很多事。所以在部落裡我常見到青少年騎著機車，有的是奉家長之命到商店買貨、買酒或去某地方接送家人；有的學生也騎著機車上下學，不見家長反對，因為家長也沒有時間去接送。青少年孩子騎著機車，危險性很高。

2．身心發展尚未成熟：

青少年處於身體急速成長的階段，心理的成熟卻跟不上身體成長的腳步，以至於身心無法平衡適應。尤其在情緒上表現出強烈、不穩定，具有暴起暴落兩極特徵。最明顯的，就是在行為及事理判斷上，表現出感情重於理性，常常會意氣用事，忽略事後的不良後果。所以，政府為什麼訂定18歲以下青少年不能考駕照就是這個道理。

3．**家庭不和諧：**

父母親失和常爭吵或離婚、分居，孩子很少得到關懷與接納，只好到外面尋求刺激、快感及認同與歸屬。

4．**同儕團體的影響：**

青少年時期最需要同儕朋友的認同，如果他所認識的朋友多屬於飆車族，那他一定也會受到影響，跟著模仿與學習。

5．**轉移作用：**

有些青少年在學業方面或其他方面總是不如人，因此他轉移注意力，要在飆車方面勝過別人，以獲得心理補償。

6．**欠缺法律常識：**

據調查顯示，很多因飆車而被執法單位收押的青少年，不曉得自己的行為已經觸犯法律。由此可知，一般青少年對法律常識的欠缺，以至於造成不知法而犯法的情形。一些不肖的機車業者，為了賺錢，明知他們還沒有駕照，還將機車販售或改裝給青少年，使青少年有了飆車工具，助長飆車歪風。

7．**升學主義的壓力：**

青少年正面臨升學考試的階段，國內的中等學校教育，受到升學主義的影響，除了重視升學考試的智育之外，忽略其他德、體、群、美等四育，造成孩子個個壓力都很大，為了紓解心中的壓力，每個人選擇的方式不同，飆車是其選擇之一。

8．**媒體的影響：**

各媒體播出的賣機車廣告，常以青少年的偶像明星當代言人，蠻吸引人，但是內容往往很強調它的快速，容易誤導孩子想飆飆看。還有電影、電視、及漫畫的賽車鏡頭，容易使青少年加以模仿，引發飆車行為。

※給老師的輔導建議

1．**鼓勵學生的家長，保持家庭和諧的氣氛，多陪伴孩子並傾聽孩子的心聲。**

孩子未達法定年齡卻哀求要買機車，父母絕對不能心軟，應給予拒絕。許多家長就是怕孩子失望或生氣，最後就幫忙買車。這不但讓孩子違法，結果也害了孩子，孩子有了機車，一天到晚在外奔馳，如果發生嚴重交通事故，父母將後悔莫及。

2．**學生有時候為了能夠獲得同儕團體的認同，勉強自己參加飆車族。**

老師應引導學生瞭解這樣的友誼是否恰當，這樣的行為是否違法，並鼓勵學生勇敢說不。

3．**老師及家長要以身作則**

老師及家長本身要守法，立下好榜樣。

4．**鼓勵培養學生多方面的興趣、嗜好及正當的休閒活動**

不但學生不會無聊，且可以轉移注意力，另一方面又可以發揮自己的才華，增加成就感及自信心。

5．**應該經常與家長相配合，預防學生未達法定年齡而騎機車**

並注意孩子是否加入飆車的同儕團體，如果發現學生（孩子）違法、違規應立刻加以適當的勸導及糾正。

6．**政府單位要多建造標準的機車賽車場所，讓已經有合格駕照的青少年去宣洩過剩的精力**

在標準賽車場飆車必須穿著全套的安全配備，管理單位並提供技術諮詢和必要的急救設施。此外還需依照青少年「要酷需要觀眾的心理」，設有觀眾席、定期舉行比賽。

7．加強原住民地區民眾及學生的法治觀念

在部落裡，學校要建議各機關團體（村辦公處、社區協會、學校、教會及警察單位等）應該多辦理「珍惜生命，禁止飆車」的宣導活動，方式要多元化、趣味化，以提高效果。

8．可適時安排學生探視飆車而發生重大車禍的病人（或參加喪禮）

親臨現場探訪病人或喪禮，我想對學生而言一定感觸良多，此時無聲勝有聲，這勝過父母親囉嗦千萬遍，相信對孩子是有幫助的。

9．建議各新聞媒體應加強自律

不刊登或播出有害青少年心理的飆車新聞及煽動性廣告。

綜上所述，學生飆車問題成因相當複雜，問題的防範與解決，必須從各種不同的角度來思考。青少年本身、家庭、學校、社會等都是重要的因素。唯有全體總動員，在完善的原則指引之下，各方彼此相互配合，不斷的努力與堅持，相信青少年飆車問題的有效解決，將指日可待。

六、性適應不良問題

所謂「性適應不良」，是指一個人在「性」方面，心理與社會功能發生障礙時，產生不當的行為，包括性別角色錯亂、偷窺別人的身體、過度手淫、沉迷於黃色書刊影片或網路、與人發生婚前性行為、未婚生育、遭受性騷擾及性侵害或賣身等。「性適應不良問題」是部分原住民學生會面臨的的問題，可能有以下幾個原因：

1. **文化及宗教因素：**
台灣原住民族民風比較保守和羞澀，在家裡不太願意談論「性」這個問題（可能父母或長輩們也不太懂），加上各宗教團體也避而不談，造成原住民學生幾乎沒有管道可以接受正常的性教育。

2. **學校因素：**
處於青春期的學生，他們的性腺已經成熟了，生殖系統發育逐漸完善，具備了進行性行為的能力。而學校只重視升學課程，忽略了性教育及健康常識。最後讓學生都走向「自修」一途，產生許多性不良適應問題。

3. **家庭經濟因素：**
有些原住民族家庭經濟非常貧困，加上家長觀念不正確，竟然容許女兒去賣身（雛妓），早期新聞媒體曾有報導，現在似乎比較少聽聞這一種消息了。

4．**個人生理因素：**

有些「性不良適應問題」是屬於個人生理問題，例如性別角色混淆，大多是因為他的身體性荷爾蒙多寡造成的問題，這只要去醫院治療就可以解決。

綜合以上幾個原因，性教育問題對於原住民學生而言，可能會帶來更多的心理和身體上的困擾，因此有必要加強性教育的宣導，讓學生更能夠正確地理解和認識性別與性行為，並且適時提供相關的輔導與支援。

※給老師的輔導建議

原住民學生在性教育方面可能面臨一些特殊的挑戰，例如文化差異、社會壓力、資源缺乏等。因此，老師在輔導原住民學生時，應該採取以下的策略：

「性別角色錯亂」輔導

1．老師及父母都要先加強充實自己的性知識，並建立正確的性觀念，才可以協助孩子的問題。

2．老師及父母要接納、關懷、鼓勵孩子，讓孩子減輕壓力，願意接受治療。

3．專家建議使用「行為改變技術」與「社會示範治療法」是有效的方式。所謂「行為改變技術」，最簡單的說法就是孩子的行動如果符合父母的期待就要立刻稱讚、獎勵，孩子就會得到正增強。反之，就要給予削弱（冷淡對待或不理睬）。所謂「社會示範治療法」，是指給孩子們一個學習對象（榜樣），讓他了解這一個性別應該怎麼扮演角色，才能符合社會的期望，以改正自己過去錯誤的認知。

4．提供適當表同對象，必要時換導師，鼓勵參加童子軍或男青年會、女青年會活動。

5．男性女性化者避免安排強壯獨斷的女老師，女性男性化者避免安排軟弱溫柔的男老師。

6．鼓勵母親給孩子適宜其性別的穿著，特別是男孩子。

7．如果男孩已有女性化行為，母親宜撤退其影響力，讓父親出頭帶領孩子從事一些男性活動，如釣魚、鋤草、修車等。

「有偷窺別人身體習慣」輔導

1．如果有偷窺異性體行為，應告以此類行為不被允許（也違法）。威脅與懲罰通常無效，宜設法轉移其興趣與注意，或以問答方式解答其疑惑。

2．給予學生正確的性教育：老師及父母先充實自己的性知識，再選擇適當時機給予學生（孩子）性教育，讓學生（孩子）建立正確的觀念。所謂的適當時機是指每當新聞媒體報導有人因為偷窺行為（例如偷看人洗澡或拿照相機偷拍女性裙底風光）而被法辦時，老師及父母要把握機會教育。當然，如果老師或父母親可以將自己過去青春期所面臨的經驗分享給學生（孩子），以修正學生（孩子）一些常有的不正確觀念，那就更好。面對學生（孩子）的提問，不可以生氣或嘲笑，以免孩子增加罪惡感。還有，老師或父母最好要以誠實的態度回答，以糾正不當的性知識。

3．如果老師或父母親沒有把握說清楚或是難以啟齒，那可請醫生或衛生單位的人講解性生理知識。避免傳道式講解，不妨以影片、模型等呈現事實。

4．鼓勵學生參加體力競賽活動，以發洩其多餘的體力。或建議學生去參與一些社團活動或培養他的興趣及才華，以轉移注意力，這些都是可行的策略。

5．強調與異性接觸應從團體中的交往開始，而非一開始就要嘗試一對一關係。強調人的性關係不是純生物性的，精神的愛情比生理的性行為重要。

6．老師要常與父母聯繫，交換意見，齊一步驟。

「過度手淫」輔導

1．對犯有手淫習慣的學生，不宜嚴加指責，應幫助他們，建立信心與決心戒除手淫。私下地要求孩子要自制，而不公開地指出其手淫行為。

2．給予正確的性教育：老師如果有把握，自己就要選擇適當時機給予學生性教育，讓學生建立正確的觀念。尤其老師可以將自己過去青春期所面臨的經驗分享給孩子們，以修正學生一些常有的不正確觀念。如果老師對自己沒有把握或難以啟齒，那可以引導學生閱讀一些青春期知識方面的書籍及影片，這樣除了可以讓學生了解全面而必要的青春期生理和衛生常識之外，也可以避免老師給學生講述時的尷尬。如果老師不知道該買哪些書或影片，可請教學校健康教育老師或衛生機構人員，他們都會很願意協助。

3．依據專家的建議，要鼓勵學生用他的手去做黏土模型、作指畫、彈鋼琴、學打字等。所以，我們要和學生討論，鼓勵他加入上述的相關社團，以轉移其注意力至有意義的事情上。

4．對於成長中的孩子，可以請家長檢查他的內褲是否太緊而不舒服。

5．請醫生檢查學生是否有濕疹或其他的皮膚病，如果沒有身體問題，可以請求生理衛生機構檢查孩子是否有人格適應問題。老師及父母應以健康態度對之，勿施以懲罰或羞辱。

「沈迷於色情書刊、影片或網站」輔導

1．拆穿時請為學生保留顏面

學生也有自己的隱私，如果老師偶爾發現孩子觸「黃」，不要急著揭穿他，讓學生保留顏面，並主動買一些青春期教育的書贈送學生，並告訴他：「你長大了，這是必修課。」用這樣的方式，把學生引導到健康而公開的資訊才是。

2．沒收是治標，性教育才是根本

沒收是不得已的措施，更重要的是要主動對學生進行青春期性教育，減少學生的心理困擾，這是避免其走入極端的首要措施。老師要引導學生閱讀一些青春期知識方面的書籍及影片，這樣除了可以讓學生了解全面而必要的的青春期生理和衛生常識之外，也可以避免老師給孩子講述時的尴尬。如果老師或家長不知道該買哪些書或影片，可請教學校健康教育老師或衛生機構人員，他們都會很願意協助。

3．追查來源

一定要追查色情書刊、影片或網站之來源，以免後患無窮。如果色情書刊、影片是來自於附近的書局、影片租售店、夜市擺攤者或網咖，立刻向警方檢舉。如果學生是從家中電腦瀏覽色情網站，那請家長最好要在家中電腦安裝防色情網站軟體來預防。老師或家長本身有時也要以身作則，不要讓孩子感覺，你是說一套，做一套。

當你阻止學生（孩子）做這些事時，自己也不可以接觸，以身作則，才能教育學生（孩子）。

4．**過濾其交友情形**

有些時候，學生會和同學或朋友們一起到某一人（家長常不在）的家偷偷欣賞色情影片或書刊，所以學生的交友情形也要留意，如果問題嚴重，可以和學校老師常聯繫。

如果問題嚴重，學校老師與家長配合常臨時檢查書包、抽屜。

5．**設法轉移興趣**

筆者在輔導學生的過程中，覺得這一個方法是比較有效的，如果學生整天沒事做，就會覺得無聊。所以我們要鼓勵學生往他的興趣與專長方面去發展，例如打球、學吉他、學鋼琴或參加合唱團、自行車隊、登山隊等。如果他表現很好，就要給予稱讚或獎勵，讓學生有成就感。

6．**改變環境**

如果學生家庭附近的環境不佳，例如聲色場所很多或色情書刊、影片氾濫，而且治安不佳，投訴多次未獲改善，則可建議家長考慮改變環境（搬家），讓其孩子在正常空間重新生活。

「婚前發生性行為」或「婚前生育」輔導

1．尊重原住民學生的文化背景和價值觀，不要強加自己的觀點或判斷。同時，也要教育原住民學生尊重其他文化和觀點，培養多元包容的態度。

2．提供正確和全面的性知識和信息，包括性行為的定義、性傳播疾病的預防、避孕的方法、懷孕和生育的過程和後果等。並且，要根據原住民學生的年齡和成熟度，適時調整教學內容和方式。

3．強調性行為的責任和後果，教導原住民學生如何處理和控制性衝動，如何拒絕不合適或不安全的性要求，如何保護自己和他人的身心健康。同時，也要鼓勵原住民學生在遇到性相關的問題或困難時，及早向別人求助，例如家長、老師、社工、醫生等。

4．建立正面健康的性態度和愛情觀，教導原住民學生性不等於愛，愛不等於性。讓原住民學生明白性行為是一種表達愛和關懷的方式，但不是唯一或最好的方式。讓原住民學生學會用其他方式來表達愛和關懷，例如溝通、聆聽、支持、尊重等。

5．機會教育；把握新聞媒體報導的事件，分析「婚前發生性行為」或「婚前生育」的不良後果，讓孩子警覺事情的嚴重性。

「遭受性騷擾、性侵害或曾被賣身」輔導

這是一個非常嚴重和敏感的議題，需要老師有專業的知識和技巧，以及對原住民學生的尊重和關懷。以下是一些可能的輔導方法：

1．**建立信任關係**

老師要與原住民學生建立良好的溝通和互動，讓他們感受到老師的關心和支持，並且能夠信任老師。老師要尊重原住民學生的文化和價值觀，不要有任何歧視或偏見。

2．**提供正確的性教育**

老師要提供原住民學生正確和全面的性教育，讓他們了解自己的身體和性權利，以及如何保護自己免受性騷擾、性侵害或賣身的危險。老師要教導原住民學生如何辨別和拒絕不良的性行為，以及如何尋求幫助和支援。

3．**提供心理輔導**

如果原住民學生已經遭受了性騷擾、性侵害或曾被賣身，老師要提供及時和適切的心理輔導，幫助他們處理創傷和負面情緒，並且恢復自信和自尊。老師要與相關單位合作，協助原住民學生獲得法律、醫療、社會等方面的協助和保障。

總之，青春期的孩子對「性」好奇及嘗試是正常的，做老師及家長的不必太緊張。只要付出耐心與愛心，再加上做到上述的預防措施及輔導對策，就能讓孩子渡過青春期的危機。

4-3．成爲原住民學生的朋友

進入原住民學生的內心世界

作為一位老師，你可能會面臨許多挑戰，尤其是在原住民學校教學的時候。當然，你也可能是在非原住民學校任教，但是班上有原住民學生。你可能會發現，原住民學生的文化、語言、價值觀和學習風格與你所熟悉的不同，這可能會影響你與他們的溝通和互動。你可能會感到困惑、不安、無助或沮喪，不知道如何建立信任和關係，如何激發他們的學習動機和興趣，如何適應他們的需求和特質。

如果你有這些困擾，不要氣餒，也不要放棄。進入原住民學生的內心世界並不是一件難事，只要你有心、有意願、有方法，你就可以做到。在這篇文章中，我將分享一些實用的建議，幫助你成為一位能夠理解、尊重、支持和引導原住民學生的好老師。

1．首先，你要有一顆開放和尊重的心。你要意識到，原住民學生是有自己的文化身分和認同的，他們的文化是有價值和意義的，不是落後或落伍的。你要願意學習和欣賞他們的文化，包括他們的語言、歷史、傳統、信仰、習俗、藝術等。你可以通過閱讀相關書籍、參加部落文化活動、跨文化研習、觀察社區生活、與家長和長老交流等方式來增加你的文化知識和敏感度。你也要避免對原住民學生有任何刻板印象或偏見，不要用你自己的標準或期待來評斷或貶低他們。

2.在開學之前，最好先去部落走走及禮貌性的拜訪地方人士。一方面了解學校周圍的環境、地區文化，另一方面可以和地方人士建立良好的關係及了解未來可以溝通的管道。拜訪對象包括村長、社區理事長、教會神父或牧師、家長委員、調解委員、派出所警察及其他關心原住民教育的人士。

3.你要有一種關懷和支持的態度。你要關注原住民學生的情感和需求，不要忽視或否定他們的感受或困難。你要嘗試了解他們的背景和經歷，包括他們可能面臨的貧困、歧視、壓力等問題。你要給予他們適當的鼓勵和肯定，讓他們感受到你的信任和尊重。根據筆者多年的經驗，懂得鼓勵的技巧十分重要！要多鼓勵，少懲罰。唯有原住民學生認為自己還有用，他才會願意開始學習。當然你也要建立一種親切和友好的氣氛，讓他們感到安全和舒適。你要主動與他們交流和互動，聆聽他們的想法和意見，分享你自己的經驗和感受。

4.我認為新老師要有一種靈活和創新的教學態度，願意根據原住民學生的特性和需求，調整自己的教學方法和內容。原住民學生有著不同於一般學生的學習風格和興趣，如果新老師能夠因材施教，運用部落的文化、語言、環境等作為教學素材，讓教學更貼近學生的生活實境，就能夠提高學生的學習動機和效果。我建議新老師可以多利用部落的自然資源，如山林、溪流、動植物等，進行戶外教學或體驗式教學，讓學生在親近自然的過程中，發展各種知識和技能。同時，也可以多引入部落的文化元素，如歌舞、工藝、神話等，進行跨領域或主題式教學，讓學生在欣賞自己文化的過程中，培養各種素養和能力。

5．謙卑的向人請教。請教的對象包括，學生以前的導師、學校其他資深老師、行政人員、家長委員或很關心教育的部落人士。請教經驗，畢竟「他山之石可以攻錯」，可以讓你少走很多冤枉路。

6．給予學生充分的安全感。多用鼓勵的方式，少懲罰（尤其不可體罰），維持班級的和諧。鼓勵學生說出心裡的話，學生能說出心裡的話，那這一個老師的管教就成功了一半。有些老師平時管教太嚴厲，孩子們不敢說出心聲，有的老師都不等學生把話說完，就忙著插嘴批評或給予責備，學生的話就被打斷了，老師和學生之間心裡的距離就愈來愈遠了！所以鼓勵您的學生說出心裡的話，不管他們說的內容如何，我們要為他們敢表達心裡的話而感到高興，至少您已經初步了解他們的想法。

7．透過宗教禱告的力量，也可達到心靈溝通的效果。原住民大部分都有宗教的信仰（基督教、天主教等），常透過禱告的方式表達自己的想法與期望，可增進彼此間的瞭解。如果學生都能透過禱告方式把自己的喜、怒、哀、樂與老師同學分享，那這一個班級可說是成功的。所以老師要鼓勵學生多禱告，當然，如果老師也能一起禱告，更能拉近和學生之間的距離。

8．給予學生適當的期望水準，讓他們快樂的成長。這一點對原住民學生非常重要。現代由於升學主義瀰漫，許多老師太在意學生考試的分數，不管學生的程度或興趣如何，總要和別班的學生比一比，造成孩子心理壓力的負擔都蠻大的。古語說：「人要因材施教」，有的孩子數理方面強但是語文差，有的孩子音樂資優但是運動不佳，我們應該要給予適性發展，因材施教；動物不也是一樣？有的適合爬樹，有的適合游泳，有的適合挖洞，如果我們硬強迫所有動物都要以游泳為唯一比賽的項目，那對於只適合爬樹及挖洞的動物而言公平嗎？如果老師可以改變觀念，給予學生適當的期望水準（以學生此次考試成績和上一次相比是否進步做比較），那孩子們會覺得比較公平，老師也會比較快樂。另外，對於學生的才華，我們除了鼓勵他們努力學習，也要給予長期有計畫的栽培，讓他們將來可以發揮所長，在社會上發光發亮！

9．多和家長聯繫，了解學生在家的生活及學習情形。如果你很少和家長聯繫，就無法瞭解孩子在家或部落的表現，你也無法將學生在學校的狀況知會家長。多鼓勵家長常主動與學校聯繫，並且熱心參與學校的活動（例如班親會、親職講座、運動會、園遊會、母親節慶祝會、讀書會及學校志工等）。

10．對待每一個孩子要公平、少做比較。筆者在學校擔任輔導主任期間，常傾聽問題學生發表心聲，發現他們當中有許多人的恨與不滿是來自於家庭父母親對子女的不公平對待。有的人說：「爸媽只愛大哥，因為他是家中老大，將來要繼承家產」，有的人說：「爸媽只疼二姊，因為她比較漂亮」，有的人說：「爸媽只關心么弟，因為他在學校學業成績最好」，不管說法是哪一種，都造成了其他孩子心靈的傷害。所以在學校，我們擔任老師的對待每一位學生要公平、少做比較。不要小看這一種傷害，這些都會造成孩子日後的人格問題，許多心理學家都驗證了這一點。

※下列幾個貼心的小動作，可以抓住學生的心：

A．記得學生的生日，並適時給予小禮物及祝福。

B．了解學生心中的最愛。例如小龍很喜歡棒球運動（中華職棒），小瑛喜歡流行音樂（張惠妹歌手的粉絲）等，只要老師所談的話題與他們喜歡的項目相關，他們就很高興得高談闊論，眼光炯炯有神，嘴巴口沫橫飛。

C．記住學生的名字（漢名、族名）或暱稱，如果能加上幾句原住民問候語，更能拉近心靈的距離。

D．多擁抱、多讚美學生。有些孩子在家庭很缺少家長的擁抱，在生活中很難得聽到家長的讚美。在學校，我們不要吝惜給予學生讚美及擁抱。擁抱帶給學生溫暖與安全感，讚美能使人充滿自信；反之，則易使人退縮、逃避、沒有自信。

其實，愛是需要學習的，身為原住民學生的老師，要有耐心，多學習、多請教、多反省，以謙卑的心不斷進修。與原住民學生相處不難，他們每個人都很可愛、純潔、善良、有不同的才華，也有不同的困難與需求。但是只要你多多善用上述的建議及方法，你必定能讓原住民學生增加自信心，努力面對各種挑戰，最後邁向成功。

發掘原住民學生的才華

原住民學生是台灣教育的重要資產，他們擁有豐富的文化、語言和智慧，但往往因為社會環境、教育資源和學習機會的不平等，而無法充分展現自己的潛能。作為教育工作者，我們有責任幫助原住民學生發掘自己的才華，並提供適切的支持和引導，讓他們能夠自信地追求自己的夢想。那麼，如何發掘原住民學生的才華呢？個人以為，有以下幾個方面是值得我們注意和努力的：

1. **老師要尊重原住民學生的文化背景和身分認同，並且讓他們感受到被接納和尊重。**

老師可以透過學習原住民的語言、歷史、習俗、藝術等，來增進對他們的了解和欣賞。老師也可以在課堂上融入原住民的元素，讓原住民學生有機會展現自己的文化特色和知識。

2．發現和培養原住民學生的多元智能

原住民學生不僅有語言、邏輯和數學等方面的智能，還有音樂、美術、體育、人際、自然等方面的智能。我們應該發現和培養他們的多元智能，讓他們能夠發揮自己的長處，並補強自己的不足。我們可以透過多元化的評量方式，讓原住民學生能夠用不同的方式表達自己的學習成果，並給予適當的回饋和鼓勵。我們不要掉入紙筆測驗的迷失（梁明輝，2012），以為自己的學生在平時紙筆測驗或參加高中、大學聯考的成績比不上非原住民學生，就論斷自己的學生比較笨，這樣會誤掉學生的一生。

高頓・戴登（Gordon Dryden）及吉妮特・佛絲（Jeannette Vos）著述的《學習革命》（The Learning Revolution）一書中就指出：「只靠一個 IQ 測驗成績就判定某些人具有學習障礙，實在是本世紀教育界的最大悲哀。」1983年，美國哈佛大學心理學教授哈沃德迦納（Howard Gardner）提出多元智慧理論（Theory of multiple intelligences），這一個理論改變了包括我在內的許多老師及家長們長久以來對於智慧的定義。他認為，人類至少有七種智慧：

1．語言智慧。

2．邏輯及數學智慧。

3．空間或視覺智慧。

4．運動智慧。

5．音樂的智慧。

6．人際關係智慧。

7．內省智慧。

8．自然觀察智慧（1995年新增）。

筆者在霧台國小大武分校及瑪家國中任教時就有深刻的體驗，每一位學生都有不同的智慧、才華。我在本書前文第三章已提過許多具有才華的原住民學生奮發向上，最後成功的真實例子。我們所有的老師、家長及社工心輔人員，應該要從多元智慧理論去看這一群原住民學生，就會發現這一個世界是有無限的可能，每一位學生都是寶，你原本已經消極甚至放棄的心又會重新燃起！原住民學生非常需要老師及父母時時給予鼓勵、讚美、栽培及祝福，他們才有信心、勇氣去衝破難關——逆轉勝。

3．洪清一教授：「文化不僅是一種生活型式，亦是思考方式和認知體系的方式。」

國內研究原住民族多元智能的有名學者洪清一教授也曾提及：「文化不僅是一種生活型式，亦是思考方式和認知體系的方式。」因此，多元性和多樣性的文化，自然的彰顯出不同的思維樣式，和多元且獨特的智能表現。尤其臺灣原住民族文化，除各族群間文化具普同性，而且族群文化間也具殊異性和特殊性。因此在不同文化脈絡和生活情境下，無形中衍而營生和孕育多元智能。

4．王為國教授：也在其著述《多元智能理論與實務》中列出以下重點：

A．以多元智能理論認識學生的個別差異。

B．以多元智能理論瞭解本身與同事之專長。

C．以多元智能理論，檢核課程目標是否完備。

D．以多元智能理論檢核學習活動是否多元。

5．老師要激發原住民學生的才華和創造力，並且幫助他們設定和實現目標

老師可以根據原住民學生的學習風格和興趣，設計適合他們的教學方法和活動，讓他們能夠有效地吸收知識和技能。老師也可以鼓勵原住民學生參與課外活動和社團，讓他們有更多的社交和學習機會。老師可以發掘原住民學生的優點和特長，並且給予適度的讚美和肯定，讓他們增強自信心和自我價值感。

6．提供和引導原住民學生的多元發展

原住民學生不僅需要在學業上有所成就，還需要在人格、情感、社會等方面有所成長。我們應該提供和引導他們的多元發展，讓他們能夠全面地發展自己的潛能，並建立正向的價值觀和人生視野。我們可以透過多元化的活動設計、資源整合和合作夥伴，讓原住民學生能夠參與各種有意義和有挑戰性的活動，並與不同領域和背景的人士進行互動和合作。

究竟老師如何陪伴、指導原住民學生，才能使他們發揮才華，邁向成功？關鍵在於老師要有愛心、耐心、責任心和專業心，並且與原住民學生建立良好的互動關係，讓他們感受到被重視和支持。這樣，老師不僅能夠促進原住民學生的學習成效，也能夠培養他們的人格素養和社會責任感。

鼓勵原住民學生提升自信

許多原住民學生比較缺乏自信心，老師必須要學會鼓勵的原則與技巧，陪伴他們一步一步找到信心，邁向成功。天生我材必有用，唯有原住民學生認為自己在世界上還有用，他才會願意開始學習。以下篇幅筆者會先談到如何善用阿德勒心理學中的鼓勵原則與技巧；其次，筆者也會分享多年來個人的教學經驗。

善用阿德勒鼓勵心理學的技巧提升原住民學生自信心

阿德勒心理學中的鼓勵原則主要是指透過給予學生正向的肯定、認同和支持，從而提升他們的自信心。

1．**建立正面關係：**

老師可以透過個人關注和溝通建立積極的、具有支持性的關係，以協助學生建立對自己的正面看法。

2．**鼓勵學生參與：**

老師可以讓學生參與學習和課堂活動，並提供肯定和認可，以協助學生建立成功的經驗和對自己的信心。

3．**強調學生的責任感：**

老師可以強調學生對自己學習和成長的責任感，以協助學生建立對自己能力的信心和自主性。

4．**調整學習目標：**

老師可以協助學生設定可實現的學習目標，並提供指導和支持，以協助學生建立對自己學習成果的信心。

5．**強調學生的價值：**

老師可以強調學生的獨特價值和貢獻，以協助學生建立對自己的自尊和自信心。

筆者的經驗分享

1．**建立積極、鼓勵和支持的學習環境**

讓學生感受到學習是有趣和有價值的，同時讚賞他們的努力和進步。在學習過程中，鼓勵學生提出問題、參與討論、探索新知識和嘗試新技能，以增強他們的學習動力和興趣。

2．**瞭解每個學生的個性和學習風格**

不同的學生有不同的學習風格和個性特點，因此需要瞭解每個學生的學習需求和方式。有些學生需要更多的鼓勵和支援，而有些學生則需要更具挑戰性和自主性的學習環境。瞭解學生的學習風格和個性，可以幫助老師更好地設計適合他們的學習活動和教學方法。

3．創造多元化的學習機會和活動

提供多種不同的學習機會和活動，包括課堂討論、小組合作、項目研究、參觀和實地考察等。這些活動可以幫助學生掌握不同的技能和知識，並激發他們的學習熱情和興趣。

4．激勵學生發揮自己的才能和創造力

鼓勵學生發揮自己的才能和創造力，例如參加比賽、展覽和演出等。這可以激發學生的自信心和學習熱情，同時也幫助他們發現自己的潛力和興趣。

5．建立有效的溝通管道

與學生建立有效的溝通管道，包括傾聽他們的想法、關注他們的需求和回饋他們的表現。這可以幫助學生感受到老師的支援和關注，增強他們的學習動力和自信心。

身為老師，可以透過肯定學生的成就、提供挑戰性任務、給予具體的回饋、鼓勵學生參與和尊重學生的文化背景等方式，提升原住民學生的自信心和學習動機，讓他們能夠更有自信地面對挑戰和未來的學習生涯。

4-4．教師、隊輔如何面對現代原住民學生

現代原住民學校教師的班級經營策略

現代原住民學校教師面臨的挑戰不少，除了要兼顧一般教育與民族教育的課程內容，還要因應學生的多元需求與背景，建立良好的師生關係與班級秩序。班級經營策略是指教師在班級中建立和維持一個有利於學習的環境和氛圍的方法和技巧。現代原住民學校教師的班級經營策略應該考慮以下幾個方面：

1．**尊重學生的族群文化與身分認同**

教師應該了解並尊重學生的族群文化特色，鼓勵學生學習並傳承自己的族語與文化，同時也讓學生認識其他族群的文化差異與共通點，培養多元文化的素養與包容。

2．**關注學生的情感需求**

原住民學生可能存在文化上的不適應，情感上的問題等，教師應該關注學生的情感需求，建立良好的師生關係，讓學生感受到自己被重視和尊重。

3．**考慮學生的背景**

原住民學生來自不同的家庭和社區，教師應該了解學生的背景，包括家庭和社區的

文化習俗，教學中融入學生的生活經驗，讓學生更容易理解和接受教學。

4.**創造有利於學習的環境與氣氛**

教師應該提供學生一個安全、整潔、舒適、有秩序的教室空間，並利用各種教具、媒體、活動等方式，吸引學生的注意力，激發學生的興趣與動機，讓學生主動參與學習。

5.**建立有效的溝通與合作**

教師應該與學生保持良好的溝通，傾聽學生的意見、需求、困難等，並給予適當的回應、指導、鼓勵等。教師也應該促進學生之間的互動與合作，讓學生彼此關心、支持、幫助，形成一個和諧團結的班級。

6.**多元化的教學策略**

原住民學生的學習風格和方式可能不同，教師應該根據學生的需求和特點，使用不同的教學策略，例如運用故事、遊戲和活動等方式進行教學，讓學生更加主動參與和學習。

7.**尊重學生的意見和想法**

原住民學生在班級中也有自己的意見和想法，教師應該尊重學生的意見和想法，給予學生發言的機會，讓學生參與班級決策，鼓勵學生表達自己的看法。

8．實施正向管教與獎勵

教師應該制定合理且明確的班級規範，並讓學生參與討論與決定，增加學生的責任感與自律性。教師也應該採用正向管教的方式，避免使用負面或暴力的手段，而是用理性和情感來引導和改善學生的行為。教師更應該肯定和獎勵學生在學業、品德、活動等方面的表現，提升學生的自信和成就感。

9．環境教育教的重視

在班級教室及學校的公佈欄要時常張貼勉勵性的標語、文章或圖片，以增強原住民學生的自信心。

10．與學生家長及社區保持密切聯繫與溝通

尤其是長期在外地工作的家長，溝通管道一定要順暢、迅速。學校也要定期辦理班級家長會及親師座談會等，以加強學校和家長之間的溝通與檢討。

教師在原住民學校的班級經營中，需要了解和尊重學生的文化和背景，關注學生的情感需求，使用多元化的教學策略，並尊重學生的意見和想法，以建立良好的班級氣氛，並獲得學生的信任與支持。最後，也要注意班級境教的重要與學生家長良好的聯繫與溝通。

非原住民籍教師的考驗

非原住民籍教師如何面對原住民學生，是一個很重要也很複雜的問題，因為它涉及到教育理念、文化差異、族群認同等多方面的因素。以下是一些可能的建議：

首先，教師應該**尊重原住民學生的文化背景和價值觀**，不要以自己的文化為中心，也不要對原住民學生有刻板印象或偏見。教師可以透過閱讀相關書籍、上網查資料及訪問等方式，增加對原住民文化的了解和欣賞。還有，最好能參與相關的培訓和學習，提升自己對原住民教育的知識和能力。與其他有經驗或興趣的教師交流心得和困難，並尋求專業人士或機構的協助和資源。

開學後要**儘快地實施家庭訪問**，了解一下學生目前居住的環境及家庭的狀況，另一方面也可以和家長建立初步的溝通與未來聯繫的管道。學生有任何困難或問題立即給予協助，讓學生能夠安心就讀。

教師在學校應該關心原住民學生的學習需求和困難，提供適切的支持和引導。教師可以**與原住民學生建立信任和溝通的關係**，了解他們的興趣、優勢、困擾等，並給予鼓勵和肯定。教師也可以運用多元的教學策略和資源，激發原住民學生的學習動機和能力。

融入原住民的文化元素和知識到教學中，讓原住民學生感受到自己的文化被尊重和肯定，也讓非原住民學生有機會認識和欣賞原住民的多元性和豐富性。

鼓勵原住民學生發揮自己的特長和優勢，例如語言能力、音樂才華、藝術創造力等，並給予他們適當的讚美和鼓勵。同時，也要幫助他們克服自己的不足和困難，例如學習動機、自信心、社交技巧等，並給予他們適當的指導和支持。

教師應該**促進班級的多元共融**，創造一個友善和開放的學習氛圍。教師可以讓原住民學生與其他學生分享他們的文化特色和生活經驗，增進彼此的認識和尊重。也能從彼此身上學習和成長，避免產生任何形式的歧視或偏見，並及時處理任何可能發生的衝突或誤解。教師也可以組織一些跨文化的活動和合作學習，讓原住民學生與其他學生互動和學習。

保持開放和包容的態度，不要把自己局限在一種教育模式或思維方式中，而是要不斷地反思和改進自己的教學方法和策略，以適應不同的學生和情境。同時，也要與其他教師或專業人員交流和分享經驗和心得，並尋求他們的建議和協助。

原住民籍教師的角色

原住民籍教師在原住民學校擔任重要的角色，不僅要傳授知識，更要關懷學生的身心發展，幫助他們建立自信和自尊，培養他們的文化認同和族群凝聚力。原住民籍教師如何陪伴、鼓舞原住民學生克服逆境，奮發向上，邁向成功？以下是一些可能的做法：

1．**要具備強烈的使命感**

平時原住民籍老師應該要比非原住民籍的老師更認真、更有耐心、愛心及恆心來陪伴學生，因為學生都是自己的族人，你不照顧，誰照顧？

2．**自己要以身作則**

這一點很重要，因為你是原住民學生學習的典範，你的一言一行，都會深深影響到學生的價值觀。例如，你們的部落喝酒的文化太盛行，你覺得應該要改變此不良的風氣，所以在學校教學時，你嚴格勸導學生不可以喝酒，但是自己卻在喝酒，甚至喝得比老百姓還多，請問學生如何建立好的行為及正確的價值觀。

3．**了解學生的家庭背景和生活環境**

提供適切的關懷和支持，協助解決學習或生活上的困難。

4．**運用多元的教學方法和資源**

激發學生的學習興趣和動機，提升他們的學習成效和能力。運用原住民族語言、文化、藝術等資源，豐富教學內容與方法，激發原住民學生的學習動機與自信心。如果自己的族語能力不佳，要努力學習並補救（最好參加族語研習及族語認證），在上課時儘量多使用族語與學生交談。

5．引導學生認識和欣賞自己的文化特色和傳統智慧

自己要以身作則，帶頭並鼓勵他們參與文化活動和社區服務，增強他們的文化自信和社會責任感。

6．提供原住民學生適當的輔導與協助

如補救教學、心理諮詢、生涯規劃等，幫助他們解決學習或生活上的困難與壓力。

7．重視宗教對於原住民學生的影響力

許多學校都和部落的基督教、天主教建立合作關係，在生命教育及道德教育的宣傳發揮良好的效果。

8．給予學生正向的回饋和肯定

讓他們感受到自己的價值和潛力，激勵他們設定高而可及的目標，追求卓越和創新。

9．建立良好的師生互動和溝通

尊重學生的意見和想法，鼓勵他們表達自己的感受和需求，培養他們的批判思考和問題解決能力。

10．拓展原住民學生的視野與夢想

如邀請優秀的原住民族籍人士到學校分享經驗、欣賞原住民籍奮發向上邁向成功的影片或書籍、安排參訪或交流活動等，讓他們看到更多的可能性與機會。

11．與其他教師、家長、社區等合作

共同為學生提供一個安全、友善、多元的學習環境，讓他們感受到溫暖和支持，促進他們的全人發展。

原住民籍教師是原住民學生的良師益友，老師用心陪伴、鼓舞原住民學生，讓他們在逆境中不放棄，在向上中不停歇，在成功中不自滿。相信有了這樣的教師，原住民學生將能衝破逆境發揮自己的潛能，實現自己的理想。

社輔志工如何與原民學生相處

在台灣，有許多大學生或社服志工隊會選擇到原住民地區服務，希望能夠幫助當地的教育、文化、環境等方面的發展。這是一件非常有意義的事情，但也需要注意一些溝通與互動的技巧，才能夠與原住民學生建立良好的關係，達到雙贏的效果。以下是筆者的提醒與建議：

在服務之前，先了解原住民的歷史、文化、語言和信仰，尊重他們的傳統和習俗，避免使用不恰當或冒犯的言語和行為。每個原住民族群都有自己的語言、信仰、禮儀、服飾、藝術等特色，這些都是他們的文化資產，也是他們的驕傲。因此，到原住民地區服務的人，應該盡量學習並尊重他們的文化，不要以自己的價值觀或判斷去批評或干涉他們的生活方式。例如，不要隨意拍攝或觸摸他們的祭祀用品、不要拒絕他們的款待或邀請、不要對他們的傳統服飾或飾品表示不屑或好奇等。

在服務期間，保持開放和謙虛的態度。主動與原住民學生交流和互動，傾聽他們的想法和感受，分享自己的經驗和知識，但不要強加自己的觀點和價值觀。原住民學生可能因為語言、環境、教育等因素，而對外來者感到陌生或害羞。因此，到原住民地區服務的人，應該主動且誠懇地與他們交流，表達自己的關心與友善。例如，可以用簡單的原住民問候語打招呼、自我介紹、認識他們的名字、家庭、興趣等，也可以分享自己的故事、經驗、感想等，讓他們感受到你的真誠與尊重。

適度地與原住民學生互動。原住民學生可能因為貧困、偏遠、缺乏資源等問題，而缺乏一些基本的知識或技能。因此，到原住民地區服務的人，應該適度地與他們互動，提供一些有益的指導或協助。例如，可以教他們一些學習方法、生活技能、科學知識等，也可以陪他們玩一些有趣的遊戲、活動、體驗等，讓他們增加自信與開心。原住民學生具有豐富的山林河海智慧，有時候也可以向他們請教及學習，他們一定會覺得自己有成就感。

尊重原住民學生的意願與選擇。每個原住民學生都有自己的夢想、目標、價值觀等，這些都是他們的人權與尊嚴。因此，到原住民地區服務的人，應該尊重他們的意願與抉擇。

在與原住民學生相處時，要適度地提供幫助和支持，不要過度地干涉或控制他們，也不要把自己當成救世主或恩人，而是要以平等和互助的方式與他們合作和學習，並鼓勵他們發揮自己的潛能和特色。

在服務後，反思自己的收穫和成長，感謝原住民學生的接納和合作，保持聯繫和關懷，並將所學所得應用於日常生活和社會責任。

成為成功的服務團隊。以前我還在霧台國小大武分校任教時，暑假期間都會遇見一支遠從都會區來的「百達山地服務隊」，他們是一群各大專院校所組成的服務團隊，他們關懷部落原住民的教育、文化及經濟等，依據他們每一位團員的專長來服務。

我非常佩服他們的精神，他們帶著謙卑、有禮貌、有愛心的態度來服務，平時生活都很克難（食、衣、住、行），他們說他們要真正體會當地原住民艱苦的生活環境，才知道未來怎麼服務。他們的課輔教學認真、有趣，學生都很喜歡；他們的服務很誠懇，把原住民當作自己家人一樣的對待。他們也很入境隨俗，積極學習原住民族簡單的問候語、學生的族語名字或暱稱、不會拒絕吃原住民贈送的食物，部落的豐年祭、運動會或結婚喜宴時他們會幫忙籌備工作並且在活動時融入其中，一起唱歌跳舞。

最讓我敬佩的是他們的服務不是只有在原住民部落服務的期間，許多大武部落的族人後來到都會區就業、求學，他們依然保持密切聯繫，繼續給予原住民像家人般的關懷，原住民都很感動。

4-5．與家長的密切合作

在多元文化的教育環境中，教師不僅要關注學生的學習，也要重視與家長的溝通與合作。尤其是面對原住民學生家長，教師更需要了解他們的文化背景、價值觀和期待，並採取適當的策略，建立信任和尊重的關係，以促進學生的發展和學習。以下是一些教師與原住民學生家長溝通合作的技巧和建議：

1．主動接觸家長，表達關心和支持

教師可以利用聯絡簿、電話、簡訊、電子郵件、社群媒體等方式，定期向家長回報學生在校的表現和情況，並邀請家長提供意見和建議。每學期，教師要實施家庭訪問，了解學生的家庭狀況及面臨的困難。與學生家長連繫時，教師也可以主動邀請家長參與學校的活動，如親師座談、家長日、校慶等，讓家長感受到教師的誠意和尊重。

2．尊重家長的文化差異，避免刻板印象和偏見

教師應該對原住民的歷史、語言、信仰、習俗等有基本的了解，並避免使用可能冒犯或歧視的語言和態度。教師也應該尊重家長對子女教育的看法和期待，並嘗試從他們的角度理解他們的困難和需求。

3．**誠實溝通，建立信任**

教師在與家長溝通時，應該以真誠、積極、正向的態度，就事論事、公正評論，不隱瞞或美化事實。教師也應該適度表露自我情感和想法，讓家長知道教師對學生的關心和期許。同時，教師也要傾聽家長的心聲和訴求，並給予適當的回應和支持。

4．**老師應與原住民學生家長合作，共同制定適合學生的學習計畫和支援方案**

老師可以尊重家長對孩子的看法和意見，並鼓勵家長在家中提供適當的學習環境和資源，以及參與孩子的作業和閱讀等。老師也可以邀請家長在課堂上分享自己的文化和知識，豐富學生的學習內容和經驗。

5．**關心原住民學生的整體發展**

教師不應該只關注原住民學生的學業成績，而應該關心其在身心、社交、情感等方面的整體發展。教師應該給予原住民學生正向的回饋和鼓勵，並幫助其建立自信和自尊。教師也應該注意原住民學生是否有適應困難或心理壓力，並提供適當的支持和轉介。

影響力對話

「影響力對話」是一種有效的溝通策略，國內外專家學者多人曾提出類似理論，例如美國心理學家克里斯·阿吉里斯（Chris Argyris）提出了「雙迴路學習」（Double Loop Learning）的概念，強調在溝通中要能反思自己的假設和信念，並與他人分享和探索。台灣的教育學者蔡淇華老師更提倡「高影響力對話」（High Impact Conversation）的模式，指的是明確、深思熟慮的對話，用意在於促成某人願意採取某個行動。

利用「影響力對話」可以幫助教師與家長達成以下目標：

A．瞭解彼此的需求、期望、想法和感受

B．表達自己的立場、建議和關懷

C．尋找共同點和解決方案

D．增進彼此的信任和尊重

E．鼓勵家長參與學校和孩子的教育

※影響力對話包括四個步驟，分別是：

1. **瞭解彼此的需求、期望、想法和感受開啟對話**

教師應該主動與家長聯繫，表達自己想要與家長溝通的目的和意願，並邀請家長分享他們的看法和感受。教師應該選擇一個適當的時間、地點和方式，讓家長感到舒適和尊重。

2. **傾聽理解**

教師應該用開放式的問題，引導家長講述他們對孩子的期望、困擾、需求等。教師應該用同理心和耐心，傾聽家長的說話，並用反饋或摘要的方式，確認自己是否正確理解了家長的意思。教師應該避免打斷、批評或否定家長的說話，也不要急於提出自己的看法或建議。

3. **表達訴求**

教師在傾聽完家長之後，才能表達自己對孩子的觀察、評估、建議等。教師應該用清楚、具體、正向和負責任的語言，傳達自己的訴求和期待。教師應該提供足夠的資料和理由，讓家長明白自己的想法和做法。教師也應該表達自己對家長和孩子的關懷和支持。

4．尋求共識

教師在表達完自己之後，應該再次邀請家長回應，了解他們是否同意或接受自己的想法或建議。

善用影響力對話，可以幫助老師和家長建立良好的溝通關係，增進彼此的信任和合作，促進學生的學習成效和幸福感。

Chapter 5

第五章、
感謝上帝
派來的天使

5-1．原住民地區優良教師典範

現代台灣原住民學生往往面臨著許多的困難，例如語言障礙、文化差異、家庭貧困、學習資源不足等。這些困難可能影響他們的學習動機、自信心和成就感。因此，原住民學生很需要有愛心教師陪伴，幫助他們克服這些挑戰，並提供適合他們的教學方法和活動，讓他們能夠快樂學習，發揮自己的潛能和特色。愛心教師不僅要教授知識，更要關心學生的情感、身心健康和未來發展，給予他們正面的鼓勵和支持，讓他們感受到被尊重和接納，增強他們的自我價值和認同感。

愛心教師也要尊重和欣賞原住民的文化和傳統，讓學生能夠驕傲地展現自己的文化特色，並促進不同族群之間的理解和溝通。有了愛心教師的陪伴，原住民學生就能夠面對各種挑戰，快樂學習，成長為有責任、有能力、有夢想的人。在台灣有許多有愛心的老師或校長在原住民地區服務，精神令人感佩。但是礙於篇幅，以下我僅介紹幾位我所認識的愛心老師或校長。

＊瑪家國中愛心教師團隊

我以前任教的學校（瑪家國中）很多漢族老師都很有愛心，不但默默贊助家境清寒原住民學生學用費、生活費，假日或晚上還常為他們免費加班課業輔導，這種關懷不是只有在學生就讀國中時期，甚至還持續到高中職、大學。他們的精神很偉大，我深深以能夠和他們共事為榮。

2006年1月22日自由時報社會版新聞報導〈瑪中樂善好施助學傳愛〉指出：

屏縣瑪家國中多名教師結合善心助學人士，協助清寒生從國中唸到大學，並給予生活費、學費、補習費，每週六、日還請學生回母校接受數學課輔，愛心行動持續6年，至少幫助5、6人考上大學，學生矢志學成回到部落繼續傳愛。

瑪家國中學生以原住民為主，教師梁明輝、蘇劫餘、吳文傑、郭秀惠、黃仕典等人，長期濟助家境困苦學生，就算已畢業，還是持續關注，每週六、日還請他們回母校，由學校數學老師或外聘教師加強數學科，目前有20多位學生。

近6年來，善心人鳳山市余秋貴、台北趙書華、瑪家鄉三和診所醫師董永能，也義務捐助學生高中、大學學費、補習費，每人每年至少1、20萬元，生活費則由瑪中教師們負責，去年考上屏東教育大學的金秀珠、卓可欣表示，老師每個月會給她們3000元到5000元的零用錢，今年寒假她們要到部落指導小學生們英語、閱讀，開始回饋部落。

以上新聞是距今17年前的報導，據我的了解，瑪家國中愛心老師團隊此項善行一直持續到現在，愛心老師除了上述名單之外，也增加一些新的老師及善心人士，當然很重要的是還有那一位最疼愛學生的台北淡水康伯伯——故康錦輝先生。整個愛心工作漫長又辛苦，但是看到這一群孩子這麼爭氣、這麼努力，老師們都覺得這是甜蜜的負荷，感到很安慰。

負責運作的重要人物就是瑪家國中黃仕典老師，他無怨無悔，把原住民學生當作是自己的親生孩子一樣疼愛。經過這二十多年的栽培，許多學生都已經順利讀完大學、研究所，甚至是出國留學。這些幸運的學生也都很懂得感恩，求學期間除了常寫信或用電話、line、facebook 傳訊息報平安，有空也會回母校向老師問安及報告近況，寒暑假他們也都回部落參加社會服務隊回饋族人。

許多曾受助學生到社會就業之後，也會學習以前老師的善行，在各行各業回饋社會。例如目前在醫院擔任護理長的邱淑娟，每一個學期都捐款贊助家境清寒的原住民學生；音樂博士杜以佳從美國北卡羅來納州留學歸國回饋所長，在學校當音樂老師。教育大學畢業的金秀珠，在故鄉的國小作育英才；卓可欣受聘到工研院上班；李彤在台企銀行任職；柯奕帆在長興化工任職；林逸偉在高雄郵局上班；董晨皓目前是國小老師（高師大博士候選人），其他還有許多人在各行各業回饋社會，照顧族人。

這是一個良性的循環，感謝瑪家國中愛心老師團隊的善行，使這一群弱勢家庭成長的原住民孩子有能力衝破逆境、奮發向上，邁向成功。

瑪家國中愛心教師團隊班長 黃仕典老師

赴美國北卡羅來納州立大學留學，獲得音樂博士學位的杜以佳同學

在賽嘉國小擔任老師，作育英才的金秀珠同學

目前任職於長興化工的柯奕帆同學

目前在台企銀上班的李彤同學

目前擔任國小教師，也是高師大博士候選人董晨皓同學

目前任職於高雄郵局的林逸偉同學

＊長榮百合國小校長陳世聰

屏東縣長榮百合國小是一所八八水災之後成立的學校，學生來自於三個鄉的三個部落——瑪家村、好茶村、大社村，他們都是被強迫遷村的災民。而這所學校的校長是陳世聰，一位充滿愛心、智慧及領導力的漢族校長，帶領這一所學校親師生走出水災的陰影，變成一所讓人刮目相看的優質典範學校。

陳世聰校長在104年榮獲教育部頒發的「校長卓越領導金質獎」，這個獎項是表揚那些能夠有效提升學校品質、創新教學模式、培養學生核心素養、促進社區參與和合作的優秀校長。他能獲得教育部頒發的校長卓越領導獎，實在是非常不簡單。他辦學的學校也榮獲四次教育部「教學卓越金質獎」（國小、幼兒園各二次），另外其他重要獎項包括：教育部偏鄉特色遊學、第19屆建築園冶獎、閱讀磐石獎、國家環境教育獎、教育部結合社區永續發展獎、臺美生態學校綠旗認證通過等。

認識陳校長是在我任職瑪家鄉長的時候，因為長榮百合小學在我們鄉內，在我八年的任期中有很多機會與陳校長接觸。他是一位謙卑有禮、辦學認真、熱心公益的好校長。陳校長雖然是漢人，但對原住民的歷史了解相當深入，不但尊重原住民文化，並大力傳承發揚原住民文化，所以深受部落族人尊敬與愛戴，我常稱讚他是「比原住民還原住民」的好校長。

他秉持「以人為本，以學為主」的教學理念，帶領全校師生，共同打造一個充滿愛與關懷的學習環境。不僅關注學生的學業成就，更重視學生的品德教育和生活技能。他還推動了多項特色計畫，如「百合市集」、「百合小農夫」、「百合小廚師」、「百合小藝術家」等，讓學生能夠在實作中學習，培養自信和創造力。他也積極與社區合作，邀請社區資源人士到校分享知識和經驗，讓學生能夠了解社會的多元面貌和價值觀，並以身為原住民為榮。

陳世聰校長不只是一位優秀的教育者，也是一位卓越的領導者。他重視師生和家長的溝通和參與，建立了一個高效和和諧的團隊。他尊重每位老師的專業和特色，給予他們適當的指導和支持。他也鼓勵老師們持續進修和創新，提升教學品質和效果。

他更是一位勇於嘗試和改變的人，不斷引進新的教育理念和技術（第一期理念學校及後來申請的民族實驗學校），讓學校能夠與時俱進，迎接未來的挑戰。所以長榮百合國小的學生不但五育均衡發展，學生的學業成績表現不會輸都會區學校學生，而且學生參加校外各種活動或比賽也都留下佳績，實在是不簡單！

陳世聰校長是一位值得我們敬佩和學習的好校長，他用他的智慧、勤勉、責任和愛心，為屏東縣長榮百合國小創造了一個美好的教育奇蹟。我十分認同他的一個教育理念——「愛他就要給他一支釣竿，而不是直接給他魚。」所以長榮百合小學的原住民學生在生活技能及文化學歷方面能力都很強，這些孩子將來長大出社會，必定都有很強的適應力、競爭力及創造力。

陳校長的重大貢獻在於「給了原住民學生及部落子民找到自信心，除了更愛自己的文化，也學習到很多實用的生活技能及族人相互扶持、願意分享的美德。」

曾獲得教育部頒贈卓越領導金質獎的長榮百合國小校長陳世聰

陳校長的學校獲得 111 年臺美生態學校綠旗認證通過

＊內埔農工傅志群老師

傅志群老師是國立內埔農工的拳擊教練，也是台灣拳擊界的傳奇人物。他從小就對拳擊有著濃厚的興趣，曾在國內外多次參加比賽，並獲得了不少的冠軍和獎項。傅志群老師不僅是一位出色的拳擊選手，也是一位敬業的拳擊教練。他對學生不僅嚴格要求，也關心鼓勵，用心教導他們拳擊的技巧和精神。他常說：「拳擊不只是一種運動，也是一種人生哲學。」

傅志群老師令我敬佩的地方有幾點：

第一、教學認真，技術精湛

他所指導過的學生都有優異的成績，令人敬佩。他曾多次帶領學生參加全國或國際的拳擊比賽，並取得了傲人的成績。他在國立內埔農工任教已有二十多年，期間培養了許多優秀的拳擊學生，其中有些已成為國家隊的成員，有些已成為拳擊教練或裁判。

第二熱心公益、奉獻愛心

他也曾多次參與社會公益活動，利用自己的專長和經驗，幫助弱勢族群或偏遠地區的孩子學習拳擊，提升他們的自信和體能。一些原住民學生在學校原本要開始變壞，誤入歧途，但是在他耐心、愛心的鼓勵之下重新做人，回到正途。許多他協助過的學生到現在都很感激他，他們說：「如果沒有傅老師的愛心與耐心，他們可能早就被學校及家人所放棄，而走入黑社會！」

第三、他是生命的鬥士、勇者的典範

傅志群老師曾經得過重病，生命垂危，但是他用過人的勇氣及毅力去面對，終於戰勝了病魔。他向學生展現了一位優秀運動員不向命運低頭，勇敢去面對、不逃避的正面心態，是一位值得我們尊敬和學習的好老師，好教練，好人。他用自己的行動和言語，展現了拳擊的魅力和價值，也影響了許多人的生命和心靈。我們衷心祝福他能夠繼續發揮他的拳擊才能和教育理念，為台灣拳擊界貢獻更多。

第四、榮獲「學校體育傳炬獎」實至名歸

傅志群老師出身於拳擊世家，自91年起從父親傅東光老教頭手中接掌兵符。父子二人奉獻一生在拳擊運動，為國家栽培許多優秀國手，無怨無悔，精神感人，被傳為美談。傅志群老師至今已擔任拳擊隊指導老師已超過20年。

這些年來內農拳擊隊在國內外參賽，成績斐然。更培育出如２０１６年里約奧運的國手賴主恩及２０２２年總統教育獎得主李敏等優秀的拳擊好手。所以今年內農校長張世波極力推薦他爭取教育部頒贈的「學校體育傳炬獎」，果然他的努力獲得評審委員一致的肯定，他獲選為今年的「學校體育傳炬獎」，以表彰他在學校體育的長期奉獻及付出，實至名歸。

愛心教師 - 內埔農工拳擊教練傅志群，曾栽培無數的拳擊國手。

＊來義高中葉尊老師

葉尊老師是屏東縣立來義高級中學的體育教練，他在教學上致力於培養學生的體育專長和原住民文化，並帶領學生參加各種比賽和表演，獲得許多佳績和肯定。他很讓我敬佩的地方，除了是他在體育方面卓越的貢獻，栽培了很多國家級的選手；還有他對於學生的愛心，感動了很多人。以下這篇文章是他曾於２０１３年11月22日在個人臉書所發表的分享：

心痛

比賽將近，本隊國三男一位學生，桃園泰雅族人，遠自他鄉來屏東來義高中求學，參加拳擊隊，小學四年級父親就離開了，今天早上又聽到噩耗，母親也剛離開了，頓時我眼淚也湧上心頭，百感交集。

學校拳擊隊創立至今，許多學生都是來自於單親家庭或隔代教養，甚至有的學生父母親在哪都不清楚。我常常想我們所帶領的這些拳擊隊好像是孤兒院一樣，他們的家庭少了很多溫情，有時做教練的我們必須扮演很多角色，父親、朋友或兄弟，假日在自家訓練像個大家庭一樣，必須養十來個小孩子，雖然常常要自掏腰包，但是看到他們的單純及努力學習的態度，我們也就感到很欣慰……

我們這些教練團的最後目標總是希望這些孩子能因參加運動團隊而脫離惡習，把品德修養好，做一個奮發圖強的優秀運動員，將來在社會上能做一個有用的人，並且報效國家。人常說「教師」是良心、造福的事業，而「專任運動教練」更多了一份耶穌基督傳福音的愛與包容，我們需要你們更多支持與鼓勵……謝謝！

葉老師是排灣族原住民，愛鄉愛部落，有很強的使命感，他常帶領來義高中的學生，參與社區服務和志工活動，關懷弱勢族群和環境保護，培養學生的社會責任感和公民素養。葉老師是一位充滿熱情和愛心的教練，他不僅教導學生知識和技能，更關心學生的成長和幸福。他是來義高中的傑出教師，也是學生們的良師益友。據我所知，來義高中也是有一群愛心教師團隊，包括葉俊雄秘書及幾位主任、老師與家長會在默默行善，幫助弱勢家庭學生解決困難，發掘潛能，恢復自信心，這是令我們非常感佩的。

＊音樂博士周明傑老師

周明傑老師是一位優秀的排灣族原住民，目前任教於包含高雄師大及幾所中小學等多所學校。他對原住民音樂有著深厚的興趣和熱情，曾經到各個部落採集和錄音，並將原住民歌謠融入教學，培養學生的文化認同和自信心。周明傑老師也是一位優秀的合唱團指揮，曾帶領草埔國小合唱團獲得金曲獎兒童音樂專輯獎和最佳演唱組合獎，並在國際舞台上展現原住民音樂的魅力。

周明傑老師不僅是一位音樂博士，也是一位教育家，他用音樂啟發孩子們的夢想和潛能，並致力於傳承和推廣原住民文化。因此，他曾經獲得教育部頒發的師鐸獎、全國十大傑出青年、教育部特殊貢獻獎、屏東縣優良教師等多項殊榮，表彰他在教育界的卓越成就。我敬佩他的地方有三點：

1．他為人謙卑有禮、尊敬長輩、熱心公益。

2．強烈的使命感：他熱衷於傳承原住民傳統音樂及其他文化工作長達三十多年，無怨無悔，奉獻愛心，功在原鄉。原住民各鄉、各部落及各校都有他努力傳承文化的足跡，精神令人感佩。

3．勇於創新：他常鼓勵學生及部落青年把原住民的音樂、舞蹈及其他文化藝術賦予新的意義，勇於創新，讓原住民優美的文化能被更多的非原住民朋友們所接受、所欣賞、所學習。

愛族人 - 對原住民音樂教育推廣貢獻很大的音樂博士 － 周明傑老師

5-2．長期幫助原住民學生的善心人士

＊原鄉聖誕老公公——康錦輝先生

康錦輝先生是上帝派來的天使，也是我這一生遇到的貴人。我把他視為兄弟，所以都尊稱他一聲「康大哥」。1995年我在中國時報投稿一篇文章〈送愛到山地〉，希望都市人能把舊書、舊衣捐給偏鄉清寒家庭。報紙刊出之後，第一個響應並打電話給我的人就是康大哥。從此我們就開始執行長達26年的「原住民地區教育希望工程」，很感謝上帝給我們這一個緣分。

2021年10月22日出刊的自由時報對他的善行報導非常詳實、貼切：

來自新北市的康錦輝不是原住民，但從26年前，就為屏縣原住民學子籌募助學金與白米，受惠者無數，有孩子赴美留學、也有孩子返原鄉當老師；康錦輝近幾年雖深受病痛所苦，仍心繫原鄉學子善行不斷，就算今年重陽節前他已住院，仍不忘交代米廠寄一千斤的白米到瑪家鄉給老人家；他於2021年10月21日辭世，享年68歲，令原鄉族人相當不捨。

「康伯伯」康錦輝在屏東縣原住民偏鄉相當有名，還有個原住民名字「古樂樂」，20多年前，他獲知山區弱勢學生求學困難，就開始自己捐款，並邀親朋好

友響應，每學期帶著善款南下發放獎助學金給學子、帶著白米分送部落需要的家戶，每年上千人次受惠，贏得「原鄉聖誕老公公」美名。

康錦輝大約在7年前被診斷出帕金森氏症，雖然身體大不如前，但想起孩子們需要幫助，再不舒服還是會定期南下屏東；他除了自己募款並捐助學金、白米，也引介許多善心人士及國外的基金會到原鄉助學、贈米。

康錦輝是屏東縣榮譽縣民、也是屏縣三地門、瑪家鄉等鄉的榮譽鄉民；瑪家鄉長梁明輝今天（22日）表示，瑪家鄉會派一部車，專程到北部康先生家協助處理後事，「康大哥是原住民天使，被幫助過的不僅僅是瑪家鄉，全國所有原民部落幾乎都有服務過，受惠學子無數，功在原鄉」。

康錦輝是屏東縣原住民文教協會創會理事，協會統計，康伯伯幫助過的孩子不計其數，在協會至少有超過4百人上大學、研究所至少超過30人、博士至少4人。近4、5年康伯伯雖病情趨嚴重，但每年收穫祭仍會依約南下，還有重陽節，贊助長輩都會來，贈送各個部落白米、發獎助學金等，每年不中斷。

康錦輝曾經說過：「原住民小孩並不笨，只要給他一個機會，肯努力一樣有成就，教育能脫離貧窮愚昧，但是，教育不是今天做，明日就可看到成果，畢竟希望工程是一項漫長的路，謝謝一路走來支持我們的人」，看到受助的孩子有成就返鄉回饋、助學，他也會欣慰說：「這些孩子過去沒有白疼！這是愛的傳承！」

康錦輝辭世的消息傳來，原鄉部落族人與學子相當不捨與難過，紛紛相約前往致意、感謝、關心家屬，學子們表示「永遠不會忘記康伯伯」，要把他的愛傳承下去。

屏東縣原住民文教協會於110年12月11日星期六下午13點，在瑪家國中新風雨球場所辦理的「故康錦輝先生紀念音樂會」吸引了很多人參加，大部分都是曾經受助過的原住民學生及家長，他們輪流上台表演歌、舞或致詞表達對於故康錦輝先生的感恩及思念，場面氣氛感人。

故康錦輝先生的愛心散播在台灣原住民各部落，精神令人感佩

＊積極推動偏鄉閱讀教育的大善人——星雲大師

我和星雲大師結緣是在２００4年到２００5年，當時我在屏東縣原住民文教協會擔任理事長，與團隊執行一個專案計畫——「屏東縣原住民教育希望工程」的子計畫——也就是成立屏東縣原住民 VUSAM 兒童圖書館。

我們花了三年到台灣各地募書、募款，然而進度緩慢，困難很大。２００4年有一天，我們突然接到星雲大師的助理來電，這才知道星雲大師由報章媒體得知我們正在募書、募款想成立原住民兒童圖書館的消息，他非常關心，決定積極幫助我們。除了透過媒體及信眾幫我們募書，募得了愛心圖書一萬多冊。他也親自義賣他的大作，並將所得（約二百萬元）全數捐給本會。

在大師的大力協助之下，２００5年７月13日在瑪家鄉文化中心成立了「屏東縣原住民 VUSAM 兒童圖書館」，這是全國第一間原住民兒童圖書館。當日大師親自出席並致詞勉勵大家善用圖書資源，把部落營造成書香社會。許多原住民看到他的善行都非常感動，都稱讚他是一位「不分族群、不分地域、不分宗教」的大好人。

感謝故星雲大師的大愛，不分族群、不分地域、不分宗教，
原住民永遠感激您！

5-3．其他諸位善心人士、人間天使

我要在此誠摯地感謝過去多年來曾經投入過台灣各個地區原住民教育希望工程的每一位善心人士，您們是上帝派來的天使。就我所見，過去二十多年，許多善心朋友們曾投入「屏東縣原住民文教協會」所執行的「原住民教育希望工程方案」。

有的人長期默默的捐款，讓那些家境清寒的孩子們有學費、獎助學金可以繼續升學；有的捐助物資、金錢協助偏遠地區成立課輔教室、圖書室、電腦教室，讓偏遠地區的原住民孩子有各類圖書可以閱讀、有電腦可以打、有課輔班可以上、有免費的晚餐可以享用。

這二十多年來曾經參與過教育希望工程的善心朋友包括：

- 康錦輝先生及親朋好友愛心團隊（最早加入的愛心團隊）
- 創為精密材料股份有限公司趙書華總經理及員工愛心團隊
- 鹽光公司
- 美國康德基金會
- 瑪家國中歷任校長及老師們所組成的愛心小組
- 三重市興協宮普濟功德會林金闕會長及全體會員
- 稻草人愛心社

- 林雪珠
- 葉富美
- 林淑玲
- 財團法人兆豐慈善基金會
- 財團法人春生社會福利慈善事業基金會
- 侯冀群
- 陳允懋
- 財團法人高清愿紀念慈母文教公益基金會
- 台北市宗南聯合佛教社福基金會
- 英仕教育基金會
- 太平洋百貨公司屏東店
- 家樂福文教基金會
- 中華電信基金會
- 高雄縣聖音慈善會
- 弘道志工隊
- 地藏寺
- 感恩慈善基金會
- 緣起文教協會
- 陽昇教育基金會
- 統一企業社會福利慈善基金會

• 全聯慶祥慈善基金會
• 星堡保全公司
• 台北市高山休閒車隊
• 國際佛光會及各地講堂
• 人間衛視
• 統一公司員工扶仁社
• 南山人壽慈善基金會
• 喜憨兒社福基金會國際聯青社台北聯合社、
• 潮州國際青年商會
• 國際扶輪社等26社
• 國際獅子會等29會
• 妙蓮華慈善會
• 舒芝蓁
• 蔡佐彥醫師賢伉儷
• 李文昌先生
• 車守同先生
• 李麗英小姐
• 朱晉德教授賢伉儷
• 趙慶光教授賢伉儷

• 鄭善明教授賢伉儷
• 戴錦秀教授
• 陳麗蘭老師
• 高偉誠先生
• 名設計師李春盛
• 王昭君老師
• 藝人動力火車
• 芮斯
• 沈文程
• 曾淑勤
• 北原山貓
• 溫嵐
• 梁文音
• 王宏恩
• 原住民電視台
• 馬紹·阿紀教授
• 黃好妹老師
• 樂歌安等十幾位牧師及教友
• 李鎔任理事長團隊等及不計其數的善心朋友們

「因為有您，許許多多的原住民孩子對未來又燃起了希望；因為有您，世界更為溫馨與美麗；感謝您們對原住民孩子無怨無悔的付出，您們是原住民永遠的朋友。」

當然，最後我也要感謝屏東縣原住民文教協會長期以來一起打拼的夥伴（含志工）無怨無悔地付出，以及許許多多媒體朋友默默在背後相挺，大家心手相連圍成更大的愛心圓。

感謝有您們的愛 - 所有曾受助過的原住民學生都心存感激，
永難忘懷。

Chapter 6

第六章、
未來展望
與祝福

6-1．未來展望

展望政府

原住民孩子的未來，需要政府的支持與協助。在此筆者提出以下展望，期盼政府能重視原住民學生的發展，提供更具體的改善措施。

1．給予原住民更多的尊重與關懷

我國憲法及其增修條文明定：「國家對於自由地區原住民之教育文化，應予扶持並促其發展。」憲法如此規定，就是顧念到原住民之語言、歷史、社會與文化，與漢民族仍有很大的差異性。而且原住民部落大部分位處偏遠地區，政府是該拿出誠意好好照顧原住民。期盼未來能由中央編列預算，直接支付包含學生營養午餐費之原住民教育經費，而不由地方政府支付，使原住民教育能穩定的發展。

2．期盼政府停止偏遠原住民地區小學校之廢校或合併政策

我們發現，一個原住民部落沒有了學校後，馬上變得好寂靜、死氣沉沉、人口迅速外流。政府應該努力為每一個原住民部落保留住學校，一方面展現政府重視偏遠原住民地區教育的偉大心胸，另一方面也有助於減緩原住民部落人口外流的問題，使原住民文化傳承比較容易。

原住民地區學校雖然人數不多，政府可以努力協助改善其教育環境，營造成「小而美」「優質化」人人稱羨的特色小學。目前教育部實施的「原住民族實驗教育」，也是很好的一個嘗試。2014年通過的實驗教育三法，為這個想法帶來新的契機。

2017年Tnunan策略聯盟成立，以泰雅部落的結盟方式，推動四所小學及一所國中成為原住民族實驗學校。至今全台已設立和籌備中的原住民族實驗小學已經成長到三、四十所。原住民地區成立公立實驗學校後，課程規劃不再受限於教育部原本的規定，而更能有彈性的放入原住民族的知識體系課程，唯此實驗成效仍需每年檢討，以作為改進的參考。

3．建立原住民教育體系

國內學者高淑芳教授前幾年做了一個研究：「原住民學生的學力落差問題」，發現原住民學生在連續十年當中，不論是在「國中基本學力測驗」或「大學入學學科能力測驗」、「大學入學指定科目考試」之成績較非原住民學生差距很大，而且令人擔憂的是，此種差距每年還不斷的增加。我認為這是文化差異的問題，台灣需要建立原住民族教育體系，讓原住民文化得以保存、傳承及創新。

在教育制度上，政府可以嘗試採用雙軌制。一方面讓原住民學生可以自由選擇就讀主流社會體系或原住民族體系的軌道。其次，原住民升學時就不再有加不加分的問題。

另一方面，原住民文化才有生存的空間，希望政府能以更大的誠意與包容改善這一個問題。」

4．籲請政府重視原住民的各項才華，有計畫的從小栽培，成為未來各行各業優秀人才

去年東京奧運會我國有幾位運動選手表現傑出，得到獎牌，他們半數以上是原住民。可見原住民很具有運動天分。如果我們給予長期有計畫的栽培，他們都很容易成功。然而我們發現，許多原住民優秀選手，因為受到家庭環境及就業的影響而停止練習，使他們的表現只是曇花一現，這實在可惜。

像郭婞淳、楊勇緯等人這麼具有潛力的原住民運動員其實在各部落還有很多人，但需要有人去鼓勵、去發掘。不只是體育，其他在音樂、舞蹈、文化藝術等方面也都是適合栽培的項目。

因此，我期許政府能重視原住民的各項才華，從小有計畫的栽培，大膽投入經費，在各級學校、各部落成立訓練站或學習中心，充實設備、加強師資、增加培訓費用及重視他們未來的就業等。相信未來必能見到更多的原住民優秀人才，為國爭光。

5．提升原住民學校的教育品質和資源

原住民學校往往位於偏遠地區，缺乏優秀的教師、先進的設備、豐富的教材等等。

政府應該加大對原住民學校的投入和支持，提供適當的補助和獎勵，一方面留住學生不外流，另一方面吸引優秀老師願意前往服務。

6．**鼓勵原住民學生多參與社會活動和公共事務**

培養他們的領導力和公民意識，讓他們成為社會的貢獻者和改變者。

7．**建立原住民學生的正向典範和榜樣**

讓他們看到成功的可能性和途徑，激發他們的夢想和抱負。可以請一些各行各業奮發向上，最後成功的原住民人士至各校演講、座談分享經驗，或將他們成功的事蹟彙整出書，作為學生的正向典範和榜樣。

展望學校

根據教育部統計，台灣原住民學生在教育機會和品質上，仍面臨著不少的困境和挑戰，例如輟學率高、升學率低、師資不足、課程不適、文化認同弱等。為了協助台灣原住民學生走出困境，快樂學習，邁向成功，學校方面未來該如何努力呢？

1．**加強原住民族語言和文化的教育，培養學生的族群認同和自信心**

原住民族語言和文化是原住民族的重要資產，也是台灣多元文化的寶貴財富。學校應該提供足夠的時間和空間，讓原住民學生學習和使用自己的母語，並了解自己的歷史和傳統。例如，推動原住民族實驗教育，讓原住民學校有更大的彈性和自主權，設計符合原住民需求和特色的課程內容和教材，並運用原住民族語言進行教學。同時，也要鼓勵非原住民學生尊重和欣賞原住民族的語言和文化，促進跨族群的交流和合作。

2．提供多元化的教學方法和評量方式，適應原住民學生的學習需求和特色

原住民學生可能因為家庭、社會、經濟等因素，而在學習上有不同的困難或優勢。學校應該採用多元化的教學方法和評量方式，例如情境式教學、合作學習、專題研究、實作體驗、自我評量等，讓原住民學生能夠發揮自己的潛能和興趣，並提升自己的學習動機和效果。

3．鼓勵教師們能投入更多的教育愛與關懷，陪伴原住民學生走出逆境，邁向成功

每一位老師要先去了解班上原住民學生的家庭背景，對於有困難、有問題的學生要給予關懷及協助。學校要常推薦及表揚愛心教師，作為其他教師學習的典範。另外要多辦一些教師研習活動，例如原住民學生學業表現不佳的改善教學方式、來自於單親家庭與隔代教養家庭的學生照顧與關懷、跨文化的學習、鼓勵原住民學生的方法與技巧、與家長及部落原住民溝通的方法與技巧等。

4．學校方面應該鼓勵原住民學生參與各種校內外的活動和競賽，並給予他們適當的肯定和獎勵。

例如，可以讓原住民學生展示他們在音樂、舞蹈、美術、運動等方面的才能和特色，讓他們享受表達自己的快樂；可以推薦原住民學生參加各種有意義的志工服務、社會實踐、國際交流等活動，讓他們拓展視野和人際關係；可以表揚原住民學生在各種科目或領域中取得的優異成績或突出表現，以提高其自信心。

5．建立完善的輔導和支持系統，關懷原住民學生的身心健康和未來發展

原住民學生可能面臨許多身心健康或未來發展的問題，例如壓力、焦慮、自殺、就業、留學等。學校應該建立完善的輔導和支持系統，包括專業的心理諮商、社工服務、家庭訪視、獎助金制度、職涯規劃等，讓原住民學生能夠得到及時和有效的幫助，並增加他們對未來的信心和期待。

對原住民家長的展望

原住民的孩子在求學的過程中，可能會面臨許多的困難和挑戰，例如語言障礙、文化差異、經濟困頓、歧視偏見等。這些因素都可能影響他們的學習動機、自信心和成就感。因此，原住民的家長在教育方面，有著重要的角色和責任，需要積極地參與和支持，讓他們的孩子能夠快樂地學習，發揮自己的潛能，邁向成功。

1．讓孩子多認識、多學習自己的文化，並以自己的文化為榮

原住民的文化是豐富而多元的，具有獨特的價值和意義。家長應該鼓勵孩子認識和傳承自己的文化傳統，讓他們感到自豪和自信。同時，也要教導孩子尊重和欣賞其他文化，培養他們的跨文化溝通和合作能力。在家要多使用母語，並常告訴孩子原住民族及家族的歷史，另外也鼓勵孩子多參加社區、學校、教會或其他單位辦理的文化活動及尋根活動。

2．關心和了解孩子的學習狀況和需求

原住民的孩子在學校可能會遇到一些學習上的困難或挫折，例如跟不上課程進度、不熟悉教材內容、不適應教學方式等。家長應該定期和孩子溝通，了解他們在學校的表現和感受，並根據他們的需求，提供適當的幫助和資源，例如輔導、補習、補助等。

3．建立和維持與學校的良好合作關係

原住民的家長可能會因為距離、時間、語言等因素而難以參與學校的活動或與老師溝通。然而，家長與學校之間的合作關係對於孩子的學習發展是非常重要的。家長應該盡量利用各種管道，例如電話、信件、社群媒體等，與老師保持聯繫，了解孩子在學校的情況，並給予老師支持和信任。同時，家長也應該積極參與學校舉辦的各種活動或會議，例如家長座談會、親師座談會、文化節等，讓老師和其他家長更加了解原住民的文化和價值觀。

4．**多用鼓勵、支持的方式，發掘他們的亮點，激發他們的勇氣，以達成孩子的夢想和目標**

原住民的孩子可能因為社會或家庭的期待或壓力，而放棄或限制自己的夢想和目標。所以身為家長要多用鼓勵、支持的方式，接納孩子、信任孩子、尊重孩子，激發他們的勇氣，支持孩子的夢想和目標，讓他們知道自己有無限的可能性和選擇。同時，也要幫助他們制定合理和可行的計畫，鼓勵他們克服困難，堅持努力，邁向成功。

5．**提供和創造學習的資源和機會**

原住民的孩子可能因為地理位置、經濟狀況、教育質量等因素，而缺乏足夠的學習資源和機會。家長應該盡可能地提供和創造適合孩子的書籍、玩具、網路、課外活動等，讓他們能夠接觸到不同的知識和技能，拓展他們的視野和興趣。

6．**培養孩子閱讀的習慣**

例如訂閱報紙、購買相關書籍、成立讀書團體等。另外父母親也要給予孩子安靜的讀書環境及良好的讀書設備。

7．多撥一些時間陪孩子，不要在孩子成長的過程缺席

請常常提醒自己：「就算是賺得了全世界，卻失去了孩子，那又有什麼意義？」

家庭經濟再困難，也要為孩子未來的教育費作準備，養成儲蓄的習慣。

8．加強孩子們的心理建設

多鼓勵少責備，給予適當的期望水準，並且別忘記多帶領孩子上教會。

6-2．給原住民學生的祝福

一位老師的叮囑與祝福

親愛的孩子們：

你們好，我是你們的老師。我很高興能在這裡和你們分享一些心得和感想，希望能給你們一些鼓勵和支持。我知道你們在求學的過程中，面臨了許多的困難和挑戰。或許有時候你們會覺得無助、沮喪、甚至想放棄。但是我要告訴你們，這些都是成長的必經之路，只要你們不氣餒，拿出勇氣勇往直前，不斷努力、不斷學習、不斷進步，就一定能克服任何的障礙，實現自己的夢想。

以前老師曾經舉例，像國內外知名的舉重國手郭婞淳、柔道選手楊勇緯、棒球選手（張育成、吉力吉撈．鞏冠、林子偉、林智勝）、拳擊選手（柯文明、陳念琴、賴主恩）、音樂家李泰祥、歌手（張惠妹、王宏恩、動力火車、芮斯、梁文音等）、希望兒童合唱團與原聲童聲合唱團全體團員等人，大多是來自於弱勢家庭的原住民，但是他們不氣餒、不放棄，努力學習、奮發向上，終於衝破逆境，邁向成功。你們要學習他們的積極態度與奮鬥不懈的精神，最後也會成功，看到勝利的果實。以下這幾點是我這一生擔任老師最常勉勵原住民學生的話：

【每個人都先要訂出自己的理想(夢想、目標),並努力去追求】一個人在世上一定要有理想、目標,然後努力去實現。你們都是有價值的人,你們都有能力實現自己的夢想。不要讓任何人或任何事情阻止你們追求理想,不要放棄自己的目標。你們要相信自己,勇敢地走出自己的舒適圈,接受挑戰,學習新的知識和技能。你們要堅持不懈,不怕失敗,從錯誤中成長。我們會一直支持你們,為你們感到驕傲。

【天生我材必有用,每一個人都有他的才華】美國哈佛大學心理學教授哈沃德迦納(Howard Gardner)提出多元智慧理論(Theory of multiple intelligences),這一個理論改變了許多老師(包括我)及家長們長久以來對於智慧的定義。他認為,人類至少有七種智慧(1)語言智慧。(2)邏輯及數學智慧。(3)空間或視覺智慧。(4)運動智慧。(5)音樂的智慧。(6)人際關係智慧。(7)內省智慧。),後來又加了第八項(自然觀察智慧)。我深信「天生我材必有用」,上天給每一個人不同的才華,只要你們珍惜自己的才華,認真去學習及善用,必可開創屬於你的一片天空。

【尋找並珍惜生命中的貴人—良師益友】每個人的生命中,不能沒有良師益友,雖然有一身高超技術,但沒有良師益友、貴人指點迷津,也可能沒有多大成就。朋友不在多,重在是否真誠,在你有困難或需要時,好的朋友會一路陪伴並且拉你一把,壞朋友則不見人影。珍惜你身邊的任何一位良師益友,並且要懂得感恩,時時問候與關懷他們。

【一個人一定要做情緒的主人，否則就會成為它的奴隸】每個人都有情緒，有的人很容易將情緒爆發出來，有的人卻能夠很好地掌握自己的情緒，這是為什麼呢？能掌控自己情緒的人是心智比較成熟的人，對於事情的思考是面面俱到，所以當你面臨一些問題或困境，首先要學會冷靜。其次，要用對的方式發洩情緒（不可以傷害身心）。等情緒發洩完畢之後，可以拿出紙筆，再把未來可能解決之道一條一條列出來，並尋找其中最佳的途徑去努力，嘗試突破困境，此作法較佳。

【我很醜，但是我很溫柔】沒有一個人是十全十美，我們要接受自己的不完美，努力發掘自己的才華，時時告訴自己「I am OK」。我們要學習澳洲人力克．胡哲（Nick Vujicic）的精神，他雖然沒有四肢，但是樂觀幽默，遇到困難永遠正面思考。他擁有兩個大學學位，是企業總監，更於2005年獲得「傑出澳洲青年獎」，現在到處演講分享經驗。

【活到老，學到老—原住民要有未來，就必須要重視教育】現在是一個知識經濟的時代，我們不能老是輸在起跑點，我們要不斷的接受新知、要更重視教育、要努力於文創，讓部落能趕上時代與世界接軌。許多原住民同學礙於家庭經濟拮据，無法順利升學，只要你不放棄，你依然可以採取半工半讀或申請就學貸款或先就業一、二年再繼續求學等方式達成目標。

【不沾酒、不碰毒品的人生】原住民學生要努力實踐「四不」：就是不喝酒、不吸毒、不抽煙、不吃檳榔。尤其是酒和毒品危害人的健康及前途非常大，絕對不能碰。一個常喝酒、常吸毒、常吃檳榔、常抽煙的人，家庭必定貧窮，身體健康必定常出問題，所以新一代原住民青年要努力實踐「四不」，開創自己乾淨、健康的人生，也打破一般人對於原住民的刻板印象。

【一枝草，一點露，人要懂得感恩與回饋】這一生有所成就是一件很了不起的事，如果再加上懂得感恩及回饋，那才是一位真正成功的人。

【努力傳揚自己的文化】我們深信台灣原住民文化是世界上最優秀的文化之一，非常獨特及珍貴，有必要給予維護及傳揚。然而我們看看目前的台灣，許多新一代的原住民子弟已經不太會說母語；再依據最近許多研究報告顯示：許多原住民學生對於自己原住民的身分有「認同上的危機」。可見弱勢的台灣原住民文化在現代大社會（中西文明）的壓力下，正逐漸面臨消失的命運。你們是原住民未來的主人翁，責無旁貸要接下這一個神聖的使命。不要期待別人會幫我們整理、傳揚文化，我們自己要主動積極、自立自強。

【做個心裡有光的人】一個心裡有光的人，是充滿著愛與熱情，會帶給世人希望與快樂，且以正向積極看待人事物，則內在和外在都會如陽光般璀璨明亮，所以內心有光、有愛、正向積極的人，容易成為幫助他人的貴人，這是有福氣的人吶！

【注意自己的身心健康】我希望你們在學習之餘，也要注意自己的身心健康。多吃一些有營養的食物，多做一些適度的運動，多休息一些，多和家人朋友聊聊天。這樣才能保持一個良好的狀態，才能更好地面對學業上的挑戰。

最後，我要祝福你們每一位學生都能夠順利完成學業，並且在未來的人生道路上，能夠發揮自己的潛力，貢獻自己的力量，成為社會的棟樑。勇敢的去飛，追求自己的夢想。

願主保佑你們身體安康、心想事成。

愛你們的老師　敬上

一位原住民母親給即將到外地求學孩子的祈禱文

親愛的孩子：

你離開故鄉，去追求你的夢想，我為你感到驕傲和高興。你是一位有才華、有智慧、有愛心的原住民青年，你的身分是上帝賜給你的恩典，不是你的負擔。你要記得，你是上帝的兒女，祂愛你，祂看顧你，祂會引導你走在正確的道路上。

我知道，作為一個原住民，在這個社會上面對許多挑戰和不公平。有時候，你可能會覺得自卑、受傷、沮喪，甚至想要放棄。但是，我要你知道，這些都是成長的過程，也是上帝考驗你的信心和耐心的方式。祂不會讓你遭遇超過你能力的事情，祂會給你力量和智慧，讓你能夠克服困難，成為一個更堅強、更成熟、更有品格的人。

我也要你知道，作為一個原住民，你不需要感到驕傲或自大。你要謙卑地學習，尊重別人的觀點和文化，也要堅持自己的信念和價值。你要感恩上帝所賜予你的一切，也要慷慨地分享給別人。你要用愛來服務這個世界，讓更多人看到原住民的美麗和貢獻。

我今天為你禱告，求上帝保守你、祝福你、使用你。我希望你能夠勇敢地去飛，開創自己的天空，不要讓任何人或任何事情阻止你實現自己的夢想。我也希望你能夠常常禱告，與上帝保持親密的關係，讓祂成為你最好的朋友和幫助者。無論何時何地，如果你有任何困難或需要，請隨時聯絡我，我永遠是你最忠實的支持者和最愛你的母親。

願上帝與你同在！

愛你的媽媽

附錄 - 參考書目

＊２０２０年國立台灣師範大學亮點校友推薦文

＊【聯合報 ２００９／０８／１４】：全國最帥的男人——佳暮四英雄。記者翁禎霞屏東報導

＊【自由時報 ２０２１／１０／２２】：不捨！行善26年助學無數，屏東「原鄉聖誕老公公」辭世。記者羅欣貞屏東報導

＊張英熙：《看見孩子的亮點：阿德勒鼓勵原則在家庭及學校中的運用》（台北市：張老師文化事業股份有限公司，２０１３／０５／０８）

＊高頓・戴登（Gordon Dryden）及吉妮特・佛絲（Jeannette Vos）：《學習革命（The Learning Revolution）》（First published，１９９４／０６／１３）

＊洪清一：《原住民族多元智能，原住民族知識體系》（台北市：五南出版，２０２１／０９／１０）

＊黃志順、林雍智主編：《實驗教育》（台北市：五南出版，２０２２／０１／０１）

＊王為國：《多元智能教育理論與實務》（台北市：心理出版社，２００６／０４／１４）

＊梁明輝：《陪伴孩子青春路：原住民青少年問題與輔導》（台北市：布克文化，２０１２／０３／２３）

＊梁明輝：《原住民學生，你好棒！》（台北市：布克文化，２０１３／０２／０６）

【渠成文化】Star Generation 02

台灣原住民學生的美麗與哀愁

作　　者　梁明輝
圖書策劃　匠心文創
發 行 人　陳錦德
出版總監　柯延婷
執行編輯　蔡青容
企畫編輯　李亞庭
封面設計　董文禮
內頁編排　賴　賴
E-mail　cxwc0801@gmil.com
網　　址　https://www.facebook.com/CXWC0801
總 代 理　旭昇圖書有限公司
地　　址　新北市中和區中山路二段352號2樓
電　　話　02-2245-1480（代表號）
定　　價　新台幣380元
印　　刷　上鎰數位科技印刷
初版一刷　2023年06月
ISBN 978-626-97301-0-0(平裝)

國家圖書館出版品預行編目(CIP)資料
台灣原住民學生的美麗與哀愁/梁明輝作. -- 初版. -- 臺北市：
匠心文化創意行銷有限公司, 2023.05
　面；　公分. -- (Star Generation；002)
ISBN 978-626-97301-0-0(平裝)
1.CST:臺灣原住民 2.CST: 學生 3.CST: 文集

536.33　　112008050